シリーズ　日本の中の世界史

帝国航路《エンパイアルート》を往く

シリーズ
日本の中の
世界史

帝国航路《エンパイアルート》を往く

イギリス植民地と
近代日本

木畑洋一
Kibata Yoichi

岩波書店

刊行にあたって

人や社会のあり方が、それらを取り巻いて生起する世界中のさまざまな出来事によって突き動かされ、方向づけられてきたこと、そしてそのような衝迫《インパクト》に対する人や社会のさまざまな反応《レスポンス》が、人や社会の内実を形づくってきたこと、このことは過去のどの時代についてもいえることである。しかし、それが特に目に見える形をとって現われるのは近代という時代においてである。

幕末・維新期以降、日本の近代を生きた人々は世界中の政治や経済や文化の動きに否応なく巻き込まれると同時に、それらの動きを取り込んで、自らの主体を形づくってきた。その過程で、「国民」と「国民国家」の形成という一九世紀世界史の基本的な動向が日本列島にも貫徹して、人々を「日本国家」という鋳型の中にがっちりと嵌《は》め込んでいった。それは同時に、人々が「日本国民」という意識を自らのものとして受け入れていく過程でもあった。ただ、この「日本国家」、「日本国民」という枠組みは、沖縄の人々やアイヌ（ウタリ）の人々、そして後には、「在日」を生きることになる人々などに対する差別の構造を深く内包するものであった。

このようなものとしての日本の近代においては、法律や社会制度、社会運動や社会思想、学問や芸術等々、何をとっても、日本に「固有」といえるものは存在しない。それらは、いずれも、「日本の中の世界史」の現れとして存在しているのである。

それゆえに、私たちはいたるところに、「日本の中の世界史」を見出すことができるはずである。本シリーズの七名の著者たちは、二〇一四年八月以来、数カ月に一度の研究会を積み重ね、政治や経済、文化や芸術、思想や世界史認識など、それぞれの関心領域において、「日本の中の世界史」を「発見」するために、持続的な討論を行ってきた。本シリーズは、その過程で、七名の著者たちがそれぞれの方法で「発見」した「日本の中の世界史」の物語である。

今日、世界中の到る所で、自国本位《ファースト》的な政治姿勢が極端に強まり、それが第二次世界大戦やその後の種々の悲惨な体験を通して学んださまざまな普遍的価値を否定しようとする動きにつながっている。日本では、道徳教育、日の丸・君が代、靖国といった戦前的なものの復活・強化から、さらには日本国憲法の基本的理念の否定にまで行き着きかねない政治状況となっている。

私たちは、日本の中に「世界史」を「発見」することによって、日本におけるこのような自国本位《ファースト》的政治姿勢が世界的な動きの一部であることを認識するとともに、それに抗する動きも、世界的関連の中で日本のうちに見出すことができると確信している。読者のかたがたに、私たちのそのような姿勢を読み取っていただければ幸いである。

二〇一八年一〇月一七日

池田忍、木畑洋一、久保亨、小谷汪之、
南塚信吾、油井大三郎、吉見義明

目　次

目次

目次

凡　例

一　使用した資料については、本文中の［　］内に、著編者名（原則として姓のみ、同姓の著者の場合はフルネーム）、出版年、頁数を示し、各資料の詳細なデータは本書末尾の文献一覧に示した。新聞など、本文中の（　）内にデータを記したのみで、文献一覧には掲載していないものもある。

二　資料からの引用に当たっては、原則として旧字体を新字体に、旧かな遣いを新かな遣いに改めた。また、適宜濁点や句読点を補い、ルビを付した。資料にある繰り返し記号をもちいていないところもある。また「〆」は「こと」と表記した。連続した引用文中の改行個所は「／」で示した。

三　現代語訳がある資料については、引用に際して現代語訳を用いた。

四　引用文中の（　）は原文のものであるが、〔　〕は引用者が説明、修正、補足などのために挿入したものである。

五　「支那人」「土人」「醜業婦」などの言葉は差別語であり使うべきでないが、資料に即してそのまま用いている。また、「支那人」「土人」という言葉のニュアンスについては、プロローグの最後の部分で説明を加えておいた。

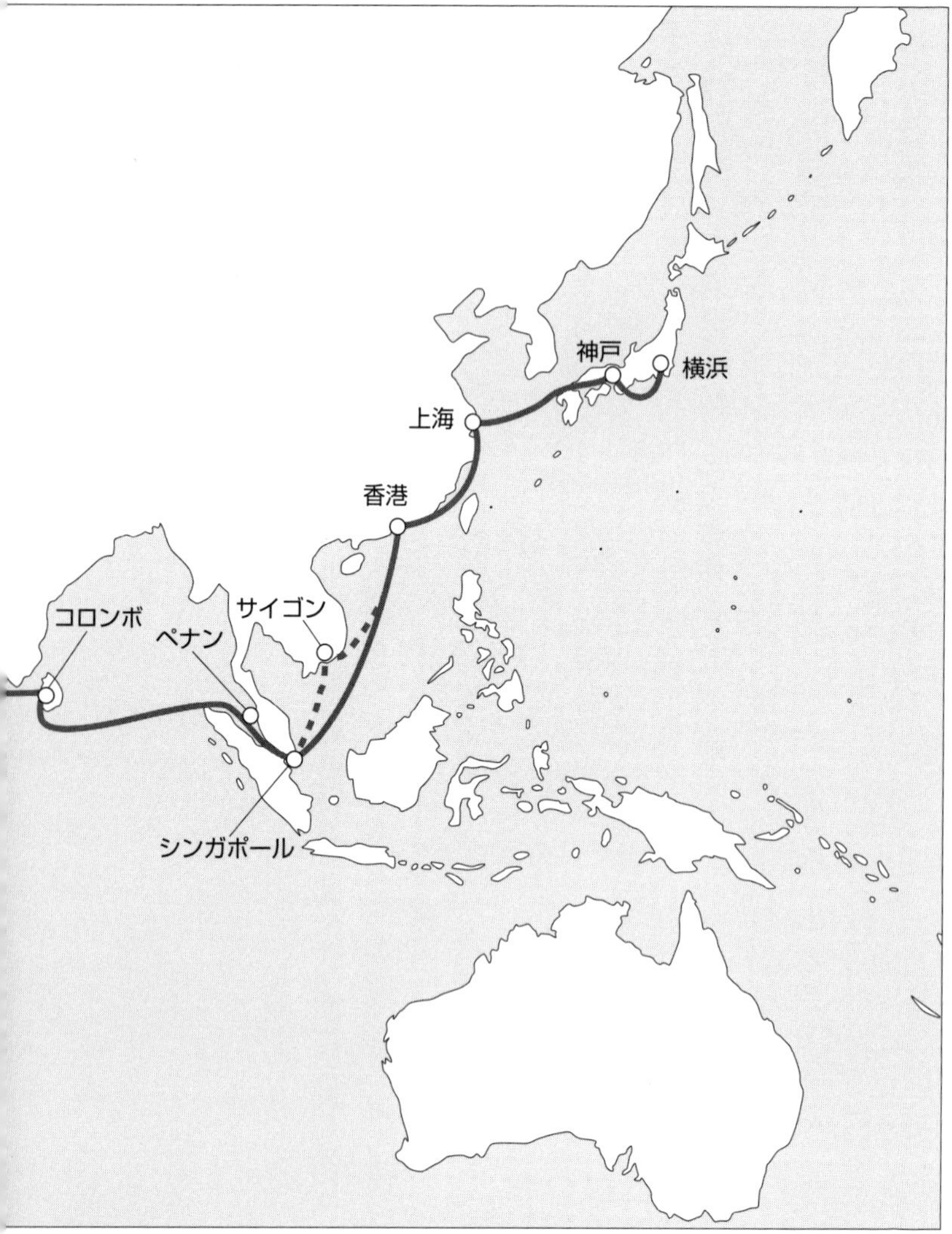

地図(筆者作成)

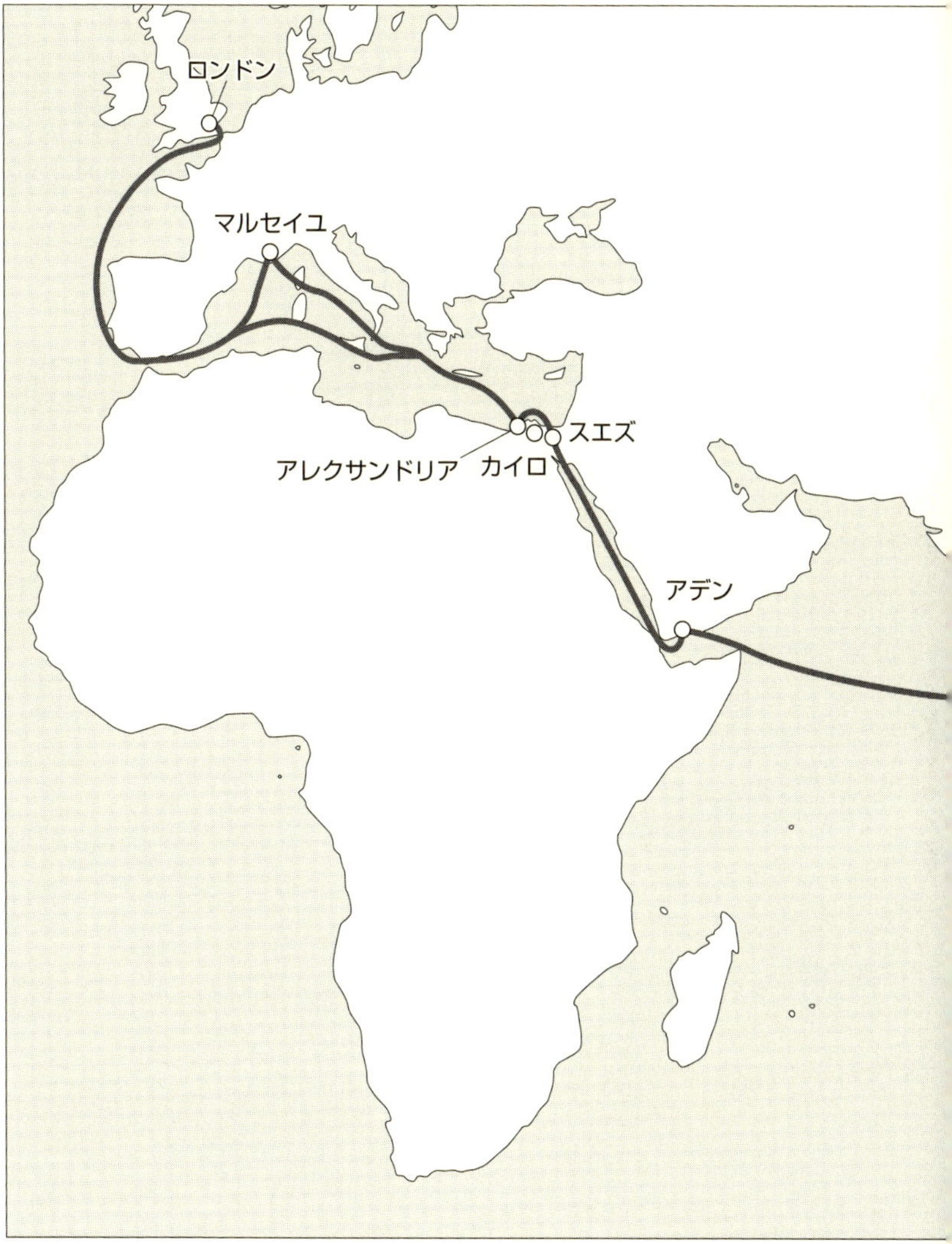

図1　帝国航路

プロローグ――『西洋道中膝栗毛』と帝国航路

弥次喜多といえば、一九世紀初めに十返舎一九《じっぺんしゃいっく》が書いて絶大な人気を博した『東海道中膝栗毛』の主人公二人である。江戸の神田八丁堀に住んでいた弥次郎兵衛と喜多八が、厄落としのための伊勢参りを思い立って東海道を通る旅に出かけ、行く先々で酒や女性などにまつわるいろいろなしくじりを重ねていく様を描いたこの滑稽本は、二人の所業を笑いつつ、東海道の道筋に思いを馳せることができる本として、広範な読者を集めた。この本は一八〇二年から一四年にかけて続き物として刊行されたが、それから約七〇年たった一八七〇年（明治三年）から七六年（明治九年）の間に、『西洋道中膝栗毛』というタイトルの、一五編三〇冊から成る本が出版され、これまた江湖の好評を博した。作者は仮名垣魯文《かながきろぶん》であるが、彼が書いたのは第一一編までで、第一二編以降は友人の總生寛《ふそうかん》（別称七杉子《みすぎょすぎ》）が代作した［仮名垣、一九五八］。

この本の主人公は三世弥次郎兵衛と北八（喜多八）であり、横浜の豪商大腹屋廣蔵について、次の各地を経てはるばるロンドンまで万国博覧会見物に出かけるという設定になっている。

横浜　上海　香港　サイゴン　シンガポール　ペナン　ゴール（セイロン、現スリランカ）　アデン　スエズ　カイロ　アレクサンドリア　マルタ　ジブラルタル　サザンプトン　ロンドン（万

国博覧会）

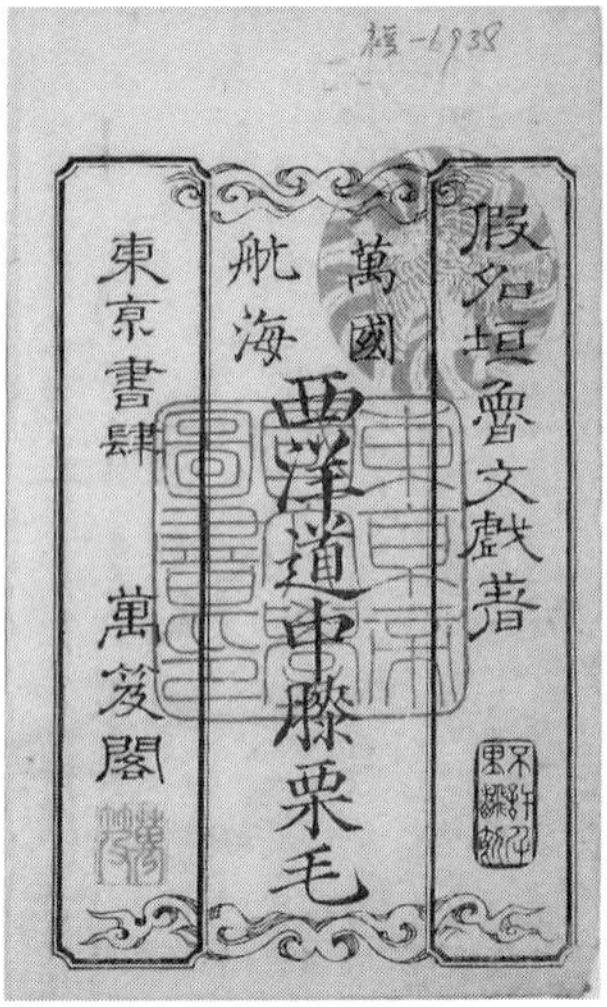

図2 『西洋道中膝栗毛初編』見返し題（国文学研究資料館蔵）

東海道での元祖弥次喜多と同じように、この船旅の至るところで、二人は失敗を繰り返していく。たとえばシンガポールで、二人は畑のスイカを盗もうとして見つけられ、縛りあげられてしまう。夜になって縄を切ろうとしているところに、虎が出てきたため、あわてて縄を切ることには成功したものの、虎と見えたのは似た柄の服を着た同じ船の船員モテルだった。セイロンの港町ゴールでは、弥次郎と通訳の通次郎が現地民の案内で仏跡見物をしている間、ついていかなかった北八がその現地民の家の仏壇の前にあったパンをくすねて食べたところ、それが露見してしまう。しかもそのパンは、高僧の糞と小便で作られていた。

こうして次々に起きる椿事や、掛け合い漫才風に繰り広げられる二人の饒舌を読者は楽しんだわけであるが、ここで注意しておきたいことは、彼らが奇行を繰り返したこれらの土地が、フランスの支配下に置かれていたサイゴンを除いて、いずれもイギリスの植民地であったりその影響力がきわめて強かったりした所であったという点である。

この航路は、日本からみた場合、普通欧州航路と呼ばれる。一方、イギリス側から見た場合に、帝国航路(empire route)という表現が用いられることがあるが、それは通常イギリスとインドのあいだの航路(route to India)を指す。インドはイギリス帝国にとって最も重要な植民地であり、イギリスからインドに至る経路は、帝国交通の中心的な脈管として重視された。本書では、そこからさらにシンガポール、香港、上海へと伸びて日本につながる航路を全体として帝国航路と呼ぶことにしたい。ちなみに横井勝彦は、この航路のことを東洋航路とかインド・中国ルートと呼んでいる［横井、二〇〇四］。

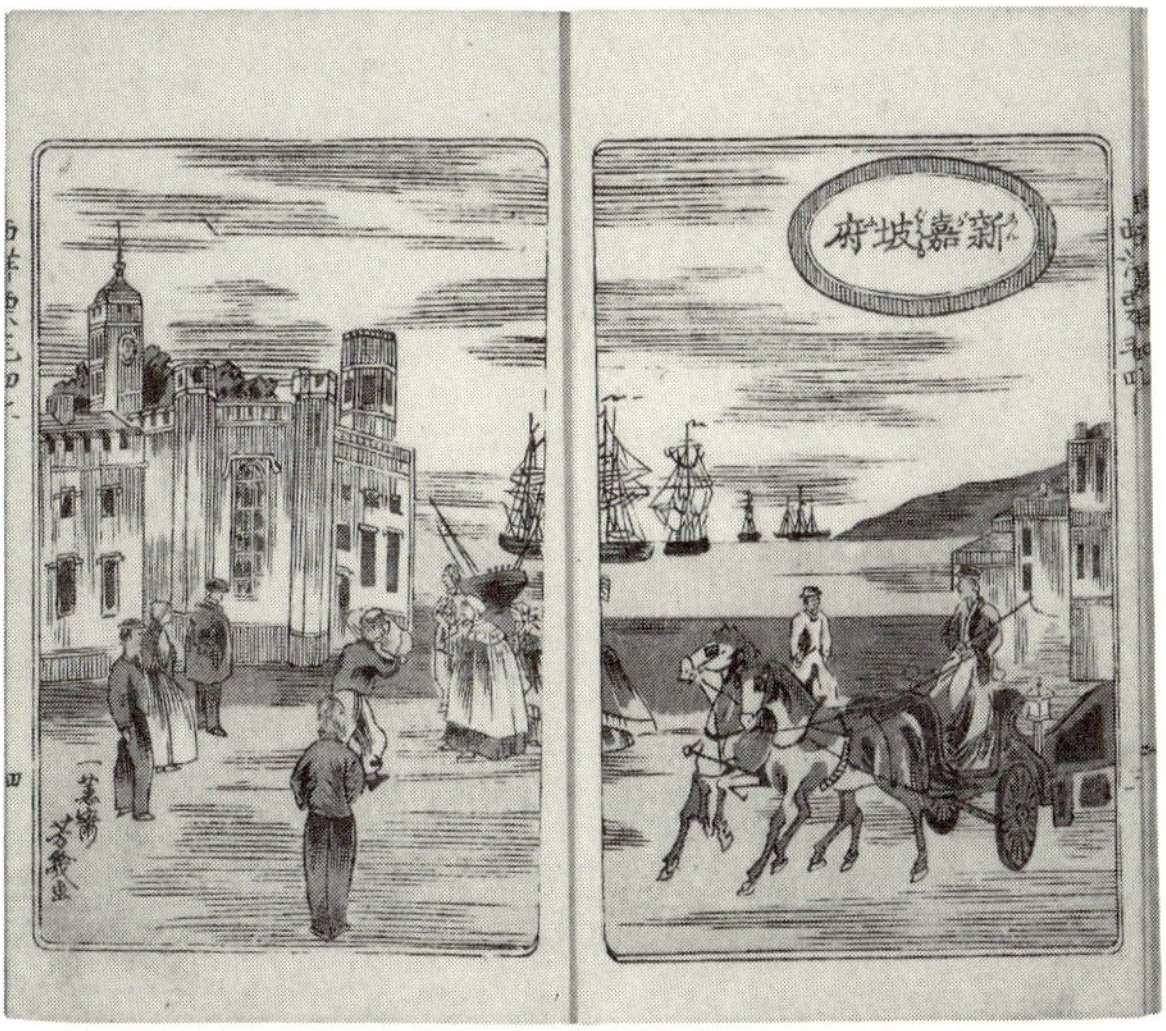

図3　『西洋道中膝栗毛四編』新嘉坡府《シンガポール》(国文学研究資料館蔵)

『西洋道中膝栗毛』では、この航路の各寄港地について簡単な説明がなされている。香港を例にとってみれば、「長さ五里、巾三里、岩山のみにて、草木少く、平地なし。元来支那の領地なりしが、近世《ちかごろ》英吉利《イギリス》領となりしより、英人追々住居を移し、交易場を開き、寺院を建立、学問所を設けて、人の数も次第に増し、繁昌の港となれり」と紹介されている。読者の興味を引いたのはあくまで弥次北の失敗談であったが、この『膝栗毛』を読むことで、寄港地についての大まかな知識は得られたわけである。

ただし、作者の仮名垣魯文にせよ總生寛にせよ、自らこの航路を通ってヨーロッパに旅をした経験はなかった。彼らがこれを書けたのは、帝国航路の各地についての案内書がすでに存在していたおかげであった。『膝栗毛』第四編の冒頭で作者は、自分は外国語に通じていないため、事柄については『西洋旅案内』を柱とし、趣向については友人である砂燕子《さえんし》の航海日記に基づいたと記している。この砂燕子は、一八六七年(慶応三年)のパリ万国博覧会に行った富田砂筵《さえん》という人物である。一方、『西洋旅案内』は、福沢諭吉の手になる本で、やはり六七年に発行されている。たとえばアデンについて、土地柄がよくなく、草木が少なく、人口一万人余りと紹介した後に、これは『西洋旅案内』からとったものである、という断り書きがしてあるが、確かにこの紹介文は『西洋旅案内』での記述の通りである。ただし、それに続けて、『新刻輿地誌略《よちしりゃく》』(内田正雄と西村茂樹が纂輯した世界地誌に関する書物)に拠る形で、アデンは紅海ののどもとにあって繁昌し人口は四万人に至っている、という補充説明が加えられ、福沢の本が出てから一〇年近くの間に各地の開化は進んで人口も増え、かつてと同じ状態ではないことを知るべきである、という注釈がなされていることからも分かるように、できるだけ新しい情報を盛り込もうとした努力もうかがえる。

帝国航路を通って日本人がヨーロッパに赴きはじめたのはそのわずか前、一八六〇年代のことであったが、『膝栗毛』が出された明治初期になると、その航路の事情は日本でかなり知られるようになっていたのである。その後一〇〇年ほどのあいだ、旅の手段が飛行機になるときまで、帝国航路はヨーロッパに出かける人々にとっての主要なルートであった。もちろん、それだけがヨーロッパに向かう経路であったわけではない。太平洋を渡って米国に上陸し、米国の東海岸から大西洋を越えてヨーロッパに着くというルートもあった。たとえば、明治初年に岩倉使節団はそのルートをとっており、岩倉たちが帝国航路を通ったのはヨーロッパからの帰路であった。また一九〇五年にシベリア鉄道が開通してからは、それを使ってユーラシア大陸を横切ってヨーロッパに達するという選択肢も増えた。

その三つのルートについて、一九〇八年、朝日新聞社の主催になる旅行の企画に際して、次のような議論が行われている。旅行経路の最初の案は、通常の欧州航路である帝国航路をとり、イギリスを訪問先の中心にして帰路をシベリア鉄道にしようというものであったが、それに対して、概略、次の異論が出された。「これでは無趣味千万な暑苦しい所を通らされて、その上ロンドンに着くまでに六〇日かかる。いかにもばかばかしい。無趣味な暑苦しいところは、初めて見る場所と思えば我慢できるかもしれないが、シベリア鉄道で行けば僅か二〇日で行けるところを二カ月もかけていくのは我慢がならない」。そこで第二案としてシベリア鉄道での往復が検討されたが、これについては、ヨーロッパだけの歴遊には最上の策ではあるものの、面白くもおかしくもないシベリア一二日の汽車旅行を二度までくり返すのはあまりに知恵のない話であるとの反対論が示された。その結果、いっそのこと片道を米国経由として「一つ大きく世界一周と出かけた方がよかろう」という声が通り、往路は米国経由、復路はシベリア鉄道の旅とすることが決まったのである〔石川周行、一九九一、五四―五五頁〕。

一方、第一次世界大戦直後にヨーロッパ視察にでかけたジャーナリスト山田毅一によると、当時は米国経由の方が近いとしてその人気が増してきていた。しかし、渡欧する人の数が増大してきたため、米国からの船室確保ができず、しばらく米国滞在を余儀なくされることがあって、結局は高くつきかねないという危険性もあった。それに対し、帝国航路は、時間がかかっても「横臥しながら倫敦《ロンドン》に到着」でき、道中で「変化ある都市訪問」ができるという長所を備えていたのである〔山田、一九二〇、一六頁〕。

帝国航路は、確かに長期間をかけて暑い地域を行くルートであった。しかし、そのルートをたどることによって、ヨーロッパにでかけた近代日本の旅行者たちは、イギリスやフランスが支配している地域の状況に直接触れて、ヨーロッパとアジアの関係についてさまざまな感懐を抱き、世界のなかでの日本の位置や日本の将来の姿について思いをめぐらした。それは、日本以外のアジア地域と日本の間を比較する試みであったり、アジアにおける日本の居場所の模索であったりしたのである。

もちろん、すべての旅行者が寄港地を真剣にみつめて考えを紡いだわけではない。一九一二年、パリにいた夫与謝野鉄幹のもとへシベリア鉄道ででかけた詩人与謝野晶子は、一人で日本に戻る帰路に帝国航路を選んだが、体調が悪くて航路のほとんどを船室で寝て過ごしていた。そのため、航海そのものの描写には流石のものがあるが、寄港地についてはほとんど語るところがない〔与謝野寛・晶子、二〇〇三〕。

またほとんどの人々にとって旅の目的地はあくまでもヨーロッパであり、途中の航路はいわばそのおまけにすぎなかった。なかには一九三八年にヨーロッパに赴いた作家野上弥生子のように、航路での見聞を重視した人がいたことは確かである。彼女は、「ヨーロッパの客間たる大都市にも増して、途中の廊下とも云うべき寄港地に多くの興味をよせた。いかなる民族の、それを支配しているいかなる政治力、経済力の、またいかなる宗教、風俗、習慣のあいだを抜けていくかに好奇心があった」のである〔野上、一九四二、一頁〕。その少し前の三六年、作家横光利一は、目的地であるヨーロッパに着いてからもなお、自分が経由してきた植民地のことを考えつづけた。彼はフランスに上陸してからのパリへの道中でも、「ふと気がつくと、なお植民地の勃興を考えて」いたし、パリに着いてから初めての晴天にめぐまれた日にも、「ひとり部屋に帰り、夜更けて思い浮ぶ風景は、通ってきたアラビアの沙漠」だったのである〔横光、二〇〇六、五七―五八頁〕。しかし、野上や横光のようなケースは例外的であったといってよい。

そのことを反映して、ヨーロッパに向かった日本人についての研究も、ヨーロッパ自体での彼らの経験を中心にすえてなされてきた。ヨーロッパに至る帝国航路での経験が日本人のヨーロッパ観やアジア観、さらに日本の現状、将来についての省察に与えた影響は、これまで断片的に触れられてきたのみなのである。帝国航路の一部については、日本人による西洋「探索行」が中国を知る旅であったことを、上海や香港での経験がもった意味を鋭く指摘しつつ委細にわたって論じた松沢弘陽の『近代日本の形成と西洋経験』のような名著も書かれてきたが、その場合も、帝国航路全体については語られていない〔松沢、一九九三〕。

そうしたなか、帝国航路を重視する研究も存在してきた。たとえばイギリスの歴史家アンドリュー・コビングは、『日本人によるヴィクトリア朝英国の発見――極西(ファーウェスト)における初期の旅での遭遇』という本の中で、イギリスをめざした日本人にとって帝国航路がもった意味を、適切に指摘している。ただし、彼が扱っている旅行記録は一八六〇年代のものに限られ、上海や香港、アデンやカイロをめぐっては旅行者の政治的感懐が紹介されているものの、シンガポールやセイロンについてはほとんど議論がなされていない。とはいえ、この問題を扱った章を結ぶ次のパラグラフは、この時期に帝国航路がもった意味を的確に表現している。

多くの旅行者はアジアの状態に共通した懸念を抱き、西洋についての彼らの見解を変えなければならないと感じた。上海や香港で中国人の世界の不安定さを感知してからは、条約相手国によるさらなる侵食への日本の抵抗力についての新たな疑念がわいてきた。彼らがアジアの海路におけるヨーロッパの支配力の全容にも徐々に目覚めたことは、イギリスの軍事力と経済力を嫌々ながら称賛した点に最も明確に示された。航海中の出会いは、外の世界について彼らがそれまで抱いていた考えをしばしば揺るがし、攘夷運動のきわめて頑迷な支持者であった者も、最終的に[ヨーロッパに]到着したときには、日本の将来への西洋の関与に無条件に反対する態度を現実的に抱き続けることができなくなっていたのである[Cobbing, 1998, pp. 87-88]。

二〇世紀初頭の夏目漱石のイギリス留学体験は、これまで多くの関心を集めてきており、ロンドン時代の漱石の動静については、細かな点に至るまで調査がなされてきたが、彼がロンドンへ赴く途上で何を見て何を感じたかということは、副次的にしか扱われてこなかった。しかし、末延吉晴は『夏目金之助ロンドンに狂せり』で、帝国航路が漱石にとってもった意味に着目し、それを成島柳北や森鷗外、永井荷風の旅と比較している。末延は、漱石の旅がロンドンについてからの行動を予測させる静的なものであったのに対し、柳北が積極的にそれぞれの土地に旅人として関わろうとしたこと、鷗外が香港での病院観察に示されるように有能な留学生振りを発揮したことを指摘する。そして、漱石も含めほとんどの日本人がヨーロッパに支配されるアジアの人々を後進的とみたのに対し、荷風は、アジアの人々の観察から日本への批判意識を抱いたと、彼らの旅の違いを巧みに論じた[末延、二〇〇四]。

このように、時期や場所を限定したり、対象を特定の人物に絞ったりする形での研究はなされてきたものの、帝国航路経験を全体として、また長期間にわたって扱おうとする試みはこれまでほとんど行われてこなかったといってよい。しかし、本書を準備している間に、その欠を補う本が三冊刊行された。

一つは和田博文『海の上の世界地図――欧州航路紀行史』である。和田は、航路自体の説明に加え、就航していた船についての詳しい情報を提供するとともに、この航路をたどった日本人がどのような経験をしたかということを、多くの人々の紀行文に拠りながら紹介している。帝国航路と日本人の関わりの全体像に迫ろうとする試みであり、筆者は、参照すべき資料情報をはじめ、この本にきわめて多くを負うことになった。ただし、この本で紀行文から取り出されている内容は多様であって、本書の議論と重なる指摘もみられるものの、さまざまな論点の一つにとどまっている［和田、二〇一六］。

二冊目は、橋本順光・鈴木禎宏編『欧州航路の文化誌――寄港地を読み解く』である。この本が主として対象としている時期は一九二〇年代、三〇年代であり、シンガポール、ペナン、コロンボ、スエズ（ポートサイド）、および航路の両端の都市である横浜とマルセイユについて、各執筆者がそれぞれ独自の切り口で都市像を描き、旅行者の文化体験を分析している。それらを結ぶ共通の糸として意識されているのが、『風土』に結実することになる和辻哲郎の旅の記録であり、和辻論としても興味深く読むことができる。しかしその一方、航路での見聞が近代日本にとってもった政治的含意については、立ち入った議論は行われていない［橋本・鈴木編、二〇一七］。

最後は、西原大輔『日本人のシンガポール体験――幕末明治から日本占領下・戦後まで』である。

タイトルからも分かるように、この本は、シンガポールを訪れたりそこに住むことになったりした日本人について、本書の対象時期に重なる期間にわたって扱ったもので、詩人でもある著者の関心を反映して、文学者を中心に豊かなシンガポール体験像が提示されている。しかしこの本もまた、旅行者の政治意識にはあまり注意をはらっていない[西原、二〇一七]。

こうした研究動向を踏まえたうえで、本書では、世界とりわけアジアのなかでの日本の位置の模索に関わる人々の見聞と議論に焦点をしぼって、帝国航路の旅の記録を読み解いていきたい。扱う期間は、一八六〇年代から一九五〇年代までの約百年間である。

第Ⅰ章においては、帝国航路全体についての留意点を指摘したうえで、日本人旅行者が各地について感じた点に重点を置きつつ、寄港地それぞれについての説明を行っていく。これは、第Ⅱ章以下での議論の背景となる。そして第Ⅱ章以下は、次のような時代区分にそった記述となる。

第Ⅱ章の対象は明治維新に至る幕末の動乱期一八六〇年代で、幕府からの遣欧使節などいくつかの使節団をはじめ、ごく限られた数の人々がヨーロッパに出かけた時代である。つづく第Ⅲ章は、明治維新から一八八〇年代までの明治前半期を扱う。この時期には、岩倉使節団をはじめ、いかに明治国家を建設するかという使命を帯びた渡航者が多い。次の第Ⅳ章で議論するのは、日清戦争によって日本が植民地保有国となる一八九〇年代から第一次世界大戦までの時期である。帝国支配国陣営の一員となった日本の位置を前提として、旅行者たちが何を思ったかが問題となる。さらに第Ⅴ章では、一九二〇年代から三〇年代が検討される。第一次世界大戦後、帝国主義の時代に作られた世界体制が再編されていくなかで日本がめざす方向が問われた時代である。第二次世界大戦後から一九五〇年代までの敗戦から日本が立ち直ってくる時代に関しては、エピローグにおいて簡単に触れ、そのうえで本書の議論をまとめることにする。

最後に、本書で用いる資料や用語についていくつかお断りしておきたい。

一つは、資料の性質である。本書では、帝国航路を旅した人々の記録を資料として用いるが、それには、寄港時もしくはその直後に記録されたもの（日記や書簡など）と、寄港時から一定の時間が経過した後に記されたもの（帰国後にまとめられた旅行記や後年の回想録など）の両者がある。感懐の新鮮度では後者は当然前者に及ばないが、旅での見聞をもとに旅行者の考えが熟した後での記録としては後者のなかにみるべきものもある。本書では、できる限りそれぞれの記録がどのような性格のものであるかを示したうえで用いていく。

二つ目は、往路と帰路の違いである。多くの旅行者は、往復とも帝国航路をたどったが、たいていの場合往路の記録が詳しく、帰路はあまり詳しく記録されない。また中には、前述した岩倉使節団や与謝野晶子のように、往路は別のルートをとって帰路のみ帝国航路を使った人々もいた。ヨーロッパ自体に接する前に植民地の状況を見るか、ヨーロッパを見た後に支配されている地域に立ち寄るかという条件の違いが、旅行者の思いに影響を与えたことは大いに考えられる。一八七三年、福沢諭吉の高弟でウィーンでの万国博覧会のため往復路とも帝国航路を旅した古川正雄は、帰路に、「初め日本をいで、追々《おいおい》所々の港によりし時さえ、土地風俗の遥かに劣れるを見てぞっとする程なりしが、夫《それ》より西洋のよき所、よき風俗を見馴れて、再びかのあしき土地風俗を見れば尚更《なおさら》いやになり」という感想を記している［古川、一九六八、二九六頁］。本書では、こうした点も考慮しながら、往路復路の別についても明記していく。

三番目は、「支那人」「土人」という表現である。これらは、現在では蔑称、差別語として使用を避けるべき言葉である。しかし、本書で用いた資料のなかにはこれらの言葉が頻出し、本書ではとくに断りなくそのまま引用してある。ひとつ注意すべきは、明治前半期頃まで、「支那人」という呼称は蔑称とは必ずしもいえず、「土人」という言葉も、蔑称としての含意なしに使われることがあったという点である。時代が下るにつれ、これらの言葉は蔑称としての性格を強めてくるが、そうした言葉が用いられたということ自体、本書での議論の内容に関わるため、蔑称であることが明確な場合にも、引用文でのこれらの表現はそのまま用いている。

第I章

帝国航路とイギリス植民地

一　帝国航路の旅

帝国航路

帝国航路の歴史は一八四〇年代に遡る。一八三七年にイギリス国王の勅許を得て設立された海運会社P&O社(Peninsular and Oriental Steam Navigation Company)のもとで、一八四〇年にイギリス―アレクサンドリア間に定期船が運航され、それ以降、スエズ―カルカッタ間(四二年)、セイロン―ペナン―シンガポール―香港間(四五年)、香港―上海間(五〇年)、上海―長崎間(五九年)、香港―上海―横浜間(六七年)に定期航路が作られていったのである[横井、二〇〇四、二二四頁]。

本書で検討する旅行者たちは、当初このイギリス船、あるいはフランス船(フランス帝国郵船会社の船、一八六〇年に上海まで就航)で旅する以外になかったが、八五年に創設された日本郵船が、九三年にインドまでの航路に、さらに九六年にヨーロッパ航路に進出するに及んで、日本の船で目的地まで行くことも可能になった。本書でいえば、第Ⅱ章、第Ⅲ章で扱う人々は外国船に乗らなければならなかったのに対し、第Ⅳ章以下で取り上げる人々は日本の船で帝国航路をたどることができるようになったのである。九六年の航路開通後最初の便となった日本郵船土佐丸の事務員阪本喜久吉の高揚した気持については、第Ⅳ章(一一一頁)で触れてある。また第一次世界大戦後、一九一九年からは大阪商船の船もこの航路で運航され始めた。その第一便に乗船したのが第Ⅴ章(一八五頁)で紹介する徳冨蘆花

(健次郎)である。

イギリスの船に乗ると香港の次の寄港地はシンガポールということになったが、フランス船の場合はサイゴンを経由してからシンガポールに到着した。しかし、このサイゴン寄港を除けば、たとえフランス船を使った場合でも、旅行者はイギリスの支配地を経由しなければならなかった。イギリス船にするかフランス船にするかという選択をめぐって、一八七六年にヨーロッパに派遣された中国の外交使節は興味ある経験をしている(この使節団に関してはコラム2を参照)。上海から出発するに際し、彼らは当初フランス船での渡航を予定していたが、イギリスの軍人だった通訳マカートニーの説得でイギリス船に乗ることになったというのである。マカートニーのこの行動は、自国の操船術へのプライドのみならず、すべての寄港地に英国旗が掲げられていることが使節一行に与える大きな効果への確信によるものだったという[手代木、二〇一三、三四頁]。

ただし、英領を多く経由するからといって、イギリス船に乗ることがイギリスの威信を高めることには必ずしもつながらなかった。その一例をあげておこう。一八六四年に幕府からフランスに派遣された使節団(第二次遣欧使節団)は、フランス船で往路をたどり、帰路はスエズからイギリス船を使った。使節団の一員岩松太郎は、そのイギリス船についての強い不満を「航海日記」で吐露している。「イギリス船では何よりもまず食事がまずく、使節団一同立腹した。「英船にては何方《いずかた》にても美味を喰する不能《あたわず》、一同に悪喰を与う」としか彼には思えなかった。さらに、フランス船では乗組員が水夫に到るまで日本人に対して丁寧に接してくれたのに対し、イギリス船ではそれが違った。イギリス船の水夫はほとんどがインド人でイギリス人は六、七人にとどまり、中国人水夫も五、六人いたが、岩は、それを日本が軽く見られていることの証左であると解釈したのである〔岩、一九八七、四六六―四六七、四七八頁〕。

こうしてイギリス船やフランス船に頼らなければならなかった当初の状況と比べてみれば、一九世紀末になって日本船でヨーロッパまで行けるようになったことが、旅行者のナショナリズムを強く鼓舞したことは、想像に難くない。その変化は、世界のなかでの日本の位置の上昇を反映していた。

船客さまざま

帝国航路を通ってヨーロッパに赴く日本人は、幕末期には少数であったが、明治時代に入ると数を増し、目的地まで日本船での航行が可能となった頃からさらに増加していった。その具体的な変化については、以下の各章の初めの方で紹介しておいた。

船室には普通、一等(上等)から三等(下等)までの等級があり(四等がある場合もあった)、日本人旅行者もそれぞれの社会的地位や財政的条件に応じて等級を選んだ。一八九九年から二度目のヨーロッパ留学に出かけた第一高等中学校教授の歴史家箕作元八《みつくりげんぱち》(彼は八六年に動物学を学ぶために渡独したが留学中に歴史学に転じ九一年にドイツで博士学位を得ていた)は、二度ともフランス船を用いたが、一回目は下等、二回目は中等の船客となった。二回目の航海に際して同じ中等に乗っていた日本人は六人で、彼らは皆、大学を卒業した学士であった。今と違い当時は日本社会において学士号が希少価値を持っていたことをここでは想起する必要がある。一方、中等にはヨーロッパの人々も当然乗っていたが、箕作は、「同船の中等洋人はすべてあまり感心つかまつらぬ人物のみ、我輩《わがはい》よりは数等下流の輩《やか》らなるべし」

と、彼らのことを評している〔井出・柴田編、一九八四、二二頁〕。アジアで支配力をふるってきたヨーロッパ列強と、強国としての階段を駆け上り始めたばかりの日本との一九世紀末における位置関係を、ここに見て取ることができよう。

船での等級についていまひとつ、第一次世界大戦中の一九一六年に渡欧した海軍軍人水野広徳《ひろのり》の例をあげておこう。彼は日本郵船の諏訪丸を利用し、二等船室での旅を選んだ。高級軍人（当時彼は海軍中佐であった）は一等を用いるべきであって二等に乗ってよいのかという問いが寄せられたが、彼は、学者も芸術家も多くは二等に乗っていると、自らの選択を正当化した。一等に乗るのは威厳のためでしかないとしつつ、水野は、「日本の字書から「威」と云う文字を削りたい」とさえ考えていたのである。そして、一等のスペースには二等船客が入れず、二等には三等船客は入れないにもかかわらず、一等船客の方は二等にも三等にも入れる、という仕組みを、批判的に紹介している。ちなみに彼によると、諏訪丸での三等船客の男性は多く労働者風で、女性は「娘子軍《じょうし》」（娼婦のこと。彼女たちについては第Ⅳ章参照）であった〔水野、一九二二、二九、三六、四一―四二、四九頁〕。

このように二等と三等との間にはかなりの差が存在したが、さらに大きな格差が見られたのは、彼ら船室客と、安い料金を払って甲板を寝場所としてあてがわれ炊事も自分たちで行う甲板船客（デッキパセンジャー）との間であった。甲板船客が見られたのは、香港、シンガポール、ペナン、コロンボの間であり、インド人や中国人が主体であった。本書の中心的テーマのひとつは、日本人旅行者が帝国航路でアジアの人々をどのように見たかという問題であるが、そこで浮かび上がってくるアジア人の野蛮さや後進性、受動性というイメージを強めた一つの要因が、このデッキパセンジャーであった。

一八八七年に渡英した滋賀県の実業家高田善治郎は、香港から乗り込んできた数十人の中国人甲板船客について、「彼らは日本の乞食のように残飯や料理くずを船員に乞う」として、船員が彼らに食料を投げたり、ひどい場合は唾をはきかけたりすることを記録している。しかし彼によれば、それは結局のところ中国人側が招いた事態にほかならなかった。彼は中国人の「野蛮さ」をもっぱら非難の対象としたのである[高田、一九八七、二六八頁]。一九〇〇年から〇二年までドイツに留学した作家巌《いわ》谷《や》小波《さざなみ》は、ヨーロッパからの帰路コロンボで中国人とインド人のデッキパセンジャーが乗り込んできて、それまでがらあきだった甲板を占領した様に強い印象を受けた。その巌谷も、彼らが普通の旅客としてはもちろん、人間としても取り扱われず、荷物同様に扱われていると観察しつつ、その状態に何らの疑問も差し挟んでいない[巌谷、一九〇三、三八七—三八八頁]。こうしたデッキパセンジャー観については文化史研究者橋本順光が着目し、哲学者和辻哲郎（第Ⅴ章で扱う）が子どもを慈しむ甲板船客の母親の姿を一等船室から見て、「涙がこぼれそうになった」と妻への手紙に記したことを紹介している。そのうえで橋本が指摘しているのは、旅の経験を踏まえて和辻が書いた『風土』で、彼らの家族団欒《だんらん》の姿について、「見る人をして涙を催さしめるほどに感傷的」ではあると述べるとともに、そこに存在するのは「受容的忍従的な特性」ゆえに見る者の「戦闘的征服的な性格を刺激」する人々であるという評価がなされたという点である[橋本・鈴木編、二〇一七、一二三頁]。

例外的ではあるが、甲板船客について異なった面を見出す旅行者がいたことも指摘しておく必要があろう。たとえば、一九一三年に渡欧したアナキスト石川三四郎は、シンガポールから乗り込んできた黒人の甲板船客三人が踊るのを同船した白人たちが見て楽しみ、お金をやろうとしたところ、三人のうち二人が憤慨して席を去った、という情景を記録に残している［石川三四郎、一九二二、二八頁］。甲板船客の矜持《きょうじ》が彼の印象には残ったのである。また前述した海軍軍人水野広徳は、インド人の甲板船客全体については、挙動が鈍慢で行住が懶惰《らんだ》、風俗が卑陋《ひろう》であるとして、これでは「印度《インド》の独立も、革命も、あったものにあらず」と考えたが、彼らのなかで年齢が五〇ほどで「服装卑穢《ひわい》なるも眼輝」いている一人と接する機会があり、それについて次のように記している。「彼れ一日、僕に向い、亜細亜《アジア》人の団結を説き、日支親善の要を語る。言う処頗《すこぶ》る要領を得たり。隠れたる印度の先覚者ならん」。そして、そのようなインド人を警戒して、「中部甲板より英人の眼が光」っていることにも、水野は注意を払ったのである［水野、一九二二、一四四—一四五頁］。

こうしてアジアの人々についてのイメージは船内でも育まれていたが、それは、ヨーロッパ人イメージについてもいうことができる。一例のみあげておこう。第一次世界大戦直後の一九一九年、新聞記者で俳人の小野賢一郎は、船中で文明人の正体を見た、とインド洋上で記した。子連れのヨーロッパ人夫婦が子どもを放っておいて幾組も姦通していると指摘したうえで、小野は、「べらぼう奴《め》！何が文明人だ、何が人道主義だ、皆御勝手主義じゃないか！　船の中ばかりじゃない、陸に上っても彼等の殖民地の様子を見て所謂《いわゆる》「同盟国人」を侮辱し「有色人種」として彼等が奴隷視している印度人同等に我々を遇しようとしているではありませんか」と痛烈に彼らを批判したのである［小野、一九一九、八〇—八一頁］。

次章以下本書では、帝国航路の旅行者たちが、「陸に上って」「彼等の殖民地の様子」をいかに見たかを検討していく。時代別の検討に移る前に、旅行者の観察を用いながら、各寄港地についての簡単な紹介を行っておきたい。

二　寄港植民地点描

広がるイギリス植民地

フランス船に乗った場合に寄港するサイゴンは別として、帝国航路での寄港地がイギリスの領土や勢力範囲であったことは、日本人旅行者たちに強い印象を与えた。

たとえば一八八二年、駐イタリア大使として赴任した浅野長勲《ながこと》は、インド洋を過ぎて紅海を航行している時に、次のような感懐を抱いた。

英国所属地の広且つ大なるは皆人の聞知《ぶんち》する処なり。而して今回の航路、香港を初とし新嘉坡《シンガポール》錫蘭《セイロン》島の諸港及び亜丁《アデン》ペリーン島の如き枢要の地は皆英人の所領にして、吏を派し兵を屯し、之れが政治を施し、之れが守衛を設け、威福を以て地民を御す。印度其他饒沃《じょうよく》の地を占る極めて多く、各地より年々収得する処の物産其国益果して幾億千万なるを知る可《べか》らず。航路至る処該国の軍艦商舶の碇繋《ていけい》せざることなく、兵備整頓し貿易繁盛なりと云べし〔浅野、一八八四、三二頁〕。

日本が近代国家建設をめざして、イギリスを一つのモデルとしていた時期に、帝国航路にうかがえるイギリスの力の強大さをきわめて率直に称えた文章である。

それから半世紀後、一九三〇年に列国議会同盟会議に参加するための旅に出た土木実業家の貴族院議員森田福市も、紅海への入口アデンで、帝国航路でのイギリスの勢力について触れないわけにはいかなかった。

> 噫《ああ》恐るべき英国人の根強さ、上海、香港、新嘉坡、馬来《マレー》半島、ペナン、コロンボ、アラビヤ、亜丁等に英国人が営々と努力して築きあげた植民計劃の成功を見るとき、蝸牛殼内に三百年、鎖国の夢に耽っていた我国を顧る時、我々は口惜しくてならぬ。／営々刻苦、功を焦らず、東亜の要港に不抜の貿易港を開拓したアングロサクソン人の根気強さには感心せざるを得ない［森田、一九三一、二八―二九頁］。

この半世紀の間に、日本は台湾、南樺太、朝鮮を帝国領土とし、第一次世界大戦後には旧ドイツ領の南洋諸島を委任統治領として実質的に領土化していた。そして第V章で検討するように、イギリスの力が傾いていることは、この頃には寄港地でも感じられるようになっていた。それでもなお、寄港地を抑えていたのはイギリスであり、日本はその後を追う国として意識されつづけていたのである。一九三六年、欧米での美術探訪を主な目的として日本船白山丸での航海に出た作家武者小路実篤は、アデンに着く前日にその感想を書き留めている。

> 明日、アデンに着くわけ、アデンでは見るものはないであろうが、しかし又、風俗がまるで、ちがっているであろう。同じく英領であるが、実際、この船は英領ばかりに寄っている。英国の勢力と云うものは大したものだ。別に感心もしないし、反感も持たないが、しかし、いい感じもしない［武者小路、一九八九b、一七一頁］。

この翌年、日本は日中戦争を開始し、さらに四一年一二月には、米国やイギリスを相手とする戦争

（アジア・太平洋戦争、当時の呼称は大東亜戦争）に突入した。トルストイの平和思想に心酔し第一次世界大戦に際しては戦争批判の姿勢をとった武者小路は、日中戦争の時から戦争推進者としての姿を明らかにしていたが、彼が四二年五月に刊行した『大東亜戦争私感』のなかには、次の記述を見ることができる。

嘗《かつ》て欧洲に旅行する人は、日本の船がよる港が全部英領なのに腹を立てなかった人はないであろう。処《ところ》が大東亜戦争始まって七十日たたない内に、香港、シンガポール、ペナンが陥落し、シンガポールは昭南島と名づけられることになった。このことは実に痛快なことである〔武者小路、一九九〇、三九一頁〕。

実際に旅をした時には「感心もしないし、反感も持たな」かったにもかかわらず、ここでは英領の広がりに自分も含めて「腹を立て」た、としている。それはともかく、帝国航路をめぐる光景は、アジア・太平洋戦争の開始によって、このように完全に変わったのである。

以下、各寄港地についての簡単な紹介に移る。

上　海

最初の寄港地となることが多かった上海は、一九世紀初めまでは、すぐ近くの蘇州や揚子江を遡った南京に比べて目立たない所であったが、アヘン戦争の結果結ばれた南京条約（一八四二年）で開港されて以降、貿易の拠点として急速な発展をとげた。公式に植民地化されることこそなかったものの、一八四五年に結ばれた土地章程によって、行政権、警察権、裁判権などを外国がもつ租界が作られることになり、上海は実質的に植民地に近い領域となっていった。租界を作ったのは、イギリス、フランス、米国であったが、六三年に英米の租界が統合されて共同租界となり、この共同租界と、それに加わらなかったフランス租界、租界にはなっていない中国人居住地域(華界)という三種類の領域が上海で鼎立することになった。租界はその後拡大していく。租界のなかで黄浦江沿いのバンドもしくは外灘《ワイタン》と呼ばれる地域には、ヨーロッパ風の立派な建物が立ちならんだ。

一八四五年にイギリス租界が作られた時には約五〇人であった上海在住外国人数は、六〇年代半ばには約二八〇〇人となった。日本人旅行者は、この頃から上海を訪れ始めたのである。日本国内の西洋化が進んでいない幕末から明治初期には、旅行者はまず上海でヨーロッパの事物に驚きをもって接したが、それはいうまでもなく租界のなかにおいてであった。一方中国人が集中して居住した地域(旧上海県城とその南部)は、不潔で危険な場所として旅行者に嫌われた。六五年に横須賀製鉄所建設用の技術者や資材を調達するために英仏に赴いた使節団の一員岡田摂蔵は、師である福沢諭吉の『西洋事情』が「大なるもの」であることを意識して「航西小記」と名付けた航海記録のなかで、次のように当時の上海の模様を記している。

上海は近来貿易の盛なる事、支那諸港の内第一なり。諸洲の商船常に百五十艘より二百艘位、是より出港の品は絹糸茶綿及陶器類 夥《おびただ》し(中略)而して欧羅巴《ヨーロッパ》の商館は日々増繁昌の場に至れども、支那人の住む所は不潔にして富者少なし[岡田、一九八七、四八三―四八四頁]。

二〇世紀に入る頃、上海での外国人人口は一万人をこえた。一九〇〇年に日本郵船社長に随行して欧米を訪れた郵船社員正木照蔵は、ヨーロッパからの帰路に帝国航路を利用して上海に着いた時、上海はヨーロッパの港のようで、シンガポールも香港もとうてい及ばないとして、「東洋に於て最も有望なる地」であるとの評価を下した。その際、彼も中国人居住地域については、「道路狭隘《きょうあい》にして極めて不潔、一種の臭気を放つ」と、嫌悪感を隠していない［正木、一九〇一、二八〇—二八一頁］。

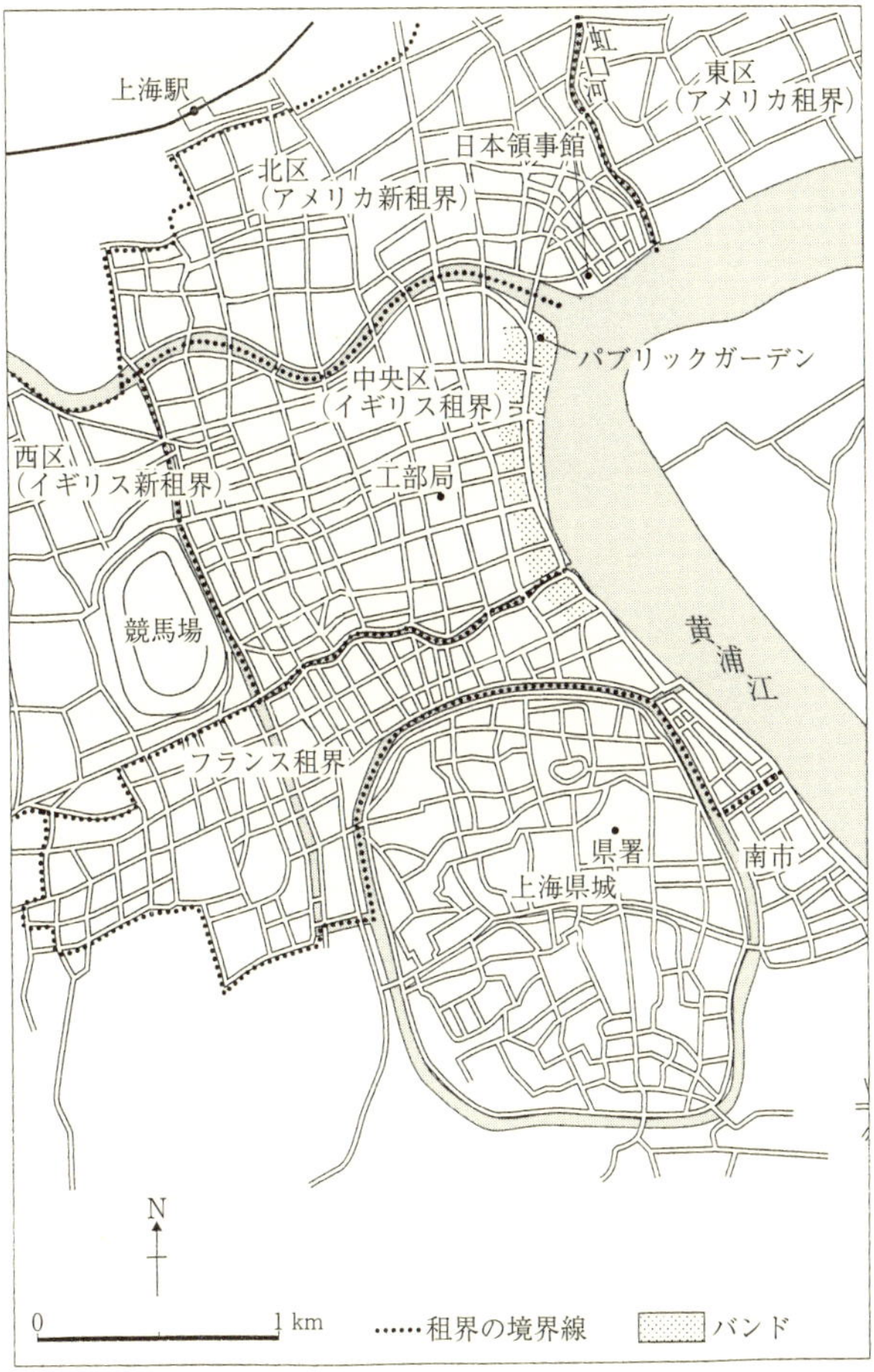

図4　20世紀初めの上海地図（劉建輝『魔都上海——日本知識人の「近代」体験』講談社，2000年，4頁をもとに作成）

日本人居住者数も、上海の発展とともに増加していった。一八七〇年時点ではまだ七人という数であったものが、一九〇〇年頃には千人を突破し、第一次世界大戦中の一九一五年にはイギリス人を抜いて最大数を誇ることになったのである〔榎本、二〇〇九、七七頁〕。

このようにして人口増大の一途をたどった上海では、帝国世界のなかでの人種間のヒエラルヒーがはっきりと示された。

歴史家箕作元八は、一八九九年の二度目の洋行の際、最初の旅の時は立ち寄らなかった上海で新鮮な印象を受け、「香港に比すればおおいにチャン味〔中国的雰囲気〕を帯び、新奇におもわるること多し」としつつ、警官のなかでの人種差を記録した。彼によると、三種の警官があり、最上等の警官は欧米人で黒服とナポレオン帽をかぶっていた。次がインド人警官で背が高く頭に紅い布をまいていた。最下層の警官は「チャン〔中国人〕の巡査」で「紅毛ある白陣笠をいただけるさま画本三国志の挿画中にみゆる関羽の青竜刀にハネ飛ばされおる雑兵」のようであった。ただし箕作がみかけた欧米人の警官は一人だけであり、四つ角に必ずいて威張りちらしていたのは、インド人と中国人の警官であった〔井出・柴田編、一九八四、一二頁〕。警官は上海の街でとくに目立つ存在であり、水野広徳は、「ダニの如き支那車夫」もインド巡査

図5 上海での中国人車夫とインド人警官（鄧明主編『上海百年掠影』上海人民美術出版社，1994年，146頁）

を前にするとすごすごと引き下がるが、そのインド人巡査も欧米人にとっては忠実なる番犬にすぎないと、人種間の激しい格差を観察している〔水野、一九二二、五五頁〕。

上海における中国人差別をめぐっては、租界内の公園への中国人入場が禁じられていたことがよく言及される。一九〇六年にトルストイに会うための旅に出た徳冨蘆花が租界を瞥見《べっけん》した際に彼の記憶に残ったのは、「公園の門にたてし華人不可入《いるべからず》の制札」だったのである〔徳富健次郎、一九〇六、九頁〕。

このような姿をした上海は活発な経済活動のもとで繁栄を謳歌し、一九二〇年代にはモダンな都市の代表と目される地となる。上海のその雰囲気に惑溺した日本人の生態は、金子光晴の『どくろ杯』などにうかがうことができる。

上海を取り巻く状況は一九三〇年代になると、大きく変化した。三一年九月の満洲事変後、日本は中国東北部（満洲）を支配下に置くことになったが、軍部は国際社会の眼を満洲からそらせようと、翌三二年一月、上海で謀略事件（日本人僧侶襲撃）を起こし、さらに同地の中国軍を攻撃したのである（第一次上海事変）。この戦いでは一カ月ほどで中国軍が敗れ、五月にはイギリス、フランス、米国およびイタリアの調停で停戦協定が結ばれた。さらに三七年には盧溝橋事件から日中戦争が始まった約一カ月後の八月、日本海軍陸戦隊将校が殺害された事件（大山事件、これも日本軍による挑発という性格をもっていた）をきっかけとして、再び上海での日中両軍の戦闘が始まった（第二次上海事変）。この戦闘は中国軍が撤退する一一月までつづくことになる。この両次の上海事変での戦闘の場となったのは、租界の外であり、第二次事変によって租界の外側は日本軍の占領地となったものの、租界自体には日本の支配は及ばなかった。この構図は、四一年一二月のアジア・太平洋戦争開戦によって崩れ、日本軍の共同租界進駐で英米の勢力は失墜した。その頃フランスには、日本の同盟国ドイツの傀儡政権ともいえるヴィシー政権が成立していたため、フランス租界に日本軍が進駐することはなかったが、そこも実質的に日本の勢力下に置かれることになったのである。

香港

上海が開港された南京条約によって清朝からイギリスに割譲された地が、香港島であった。イギリスにとっては開港を勝ち取った五つの港の方が重要であり、少数の人々が農業や漁業に従事しているにすぎない香港島の将来的な価値は低いとする見方が当初は支配的であった。しかし香港の重要性は次第に認められるようになり、第二次アヘン戦争（アロー戦争）を終結させた北京条約（一八六〇年）では、香港島対岸の九龍半島南部もイギリス領土となった。日本人旅行者が寄港し始めるのはこの直後であり、アジアでのイギリスの金融活動を担う香港上海銀行が一八六五年に設立されるなど、香港はイギリス帝国内での重要性を高めていった。一九世紀末の九八年には九龍半島の北部などから成る新界という地域が、九九年間の租借地としてイギリスの支配下に入った。イギリスは香港を統治していくうえでこの地域が必要であるとは考えていなかったが、帝国主義の時代が絶頂期を迎え、他の列強の中国における活動が活発化するなかで、さらなる領土の拡大に踏み切ったのである。

南京条約でイギリスによる支配が始まった頃は五千人ほどであった香港の人口は、六一年には一二万人を数え、新界租借後の一九〇一年になると三〇万人をこえるというペースで、増大をつづけていった。人口増大の主要な要因は周辺地域からの中国人の流入（とりわけ一八六〇年前後には太平天国を逃れて香港に流れ込んでくる人々が多かった)であったが、イギリス人をはじめとする外国人人口も着実に増していった。一八六〇年代初めには一六〇〇人程度であった欧米人は、九一年には八五〇〇人ほどになり、第一次世界大戦開始時には二万人をこえる数となったのである[岩崎、二〇〇七、七一頁][Tsang, 2004, pp. 87, 109]。日本政府の統計によると、そのうち日本人の数は、一八九一年で二四八人、一九〇〇年で三八七人、一〇年で一〇三四人であった。

旅行者はこの地でも多様な人種を見ることができた。一八八二年に自由民権運動の政治家板垣退助の洋行に同伴した栗原亮一は、「世界人種の見本場と謂うも或は可ならん」とその状況を形容し、さらに、ポルトガル人のように長く代を重ねて中国人との間に生まれた者は「容色日本人に異ならず、相逢えば殆んど語を交《かわさ》んと欲するの思あり」という感想を記している[師岡編、一九八七、七六頁]。

第一次世界大戦後の一九二四年、医師で歌人の斎藤茂吉は、ヨーロッパからの帰路に立ち寄った香港で、「混合の都会なれどもおのおのに和ありてかかる生をいとなむ」という歌を詠んだ[斎藤、一九五三、二四二頁]。しかし、多様な人々の混合する香港で人々の間に広がっていたのは、決して「和」ではなかった。上海のように、租界と中国人居住地域とがはっきりと区分されていたわけではなかったものの、実質的にはそれと同じ状態が香港でも見られたのである。たとえば、香港島の中心にそびえる山(標高五五二メートル)ヴィクトリア・ピークに住めるのはイギリス人などのヨーロッパ人のみであり、中国人も、また栗原が特記した混血の人々も、召使などヨーロッパ人の雇用者としてでなければ住むことができなかった[Carroll, 2007, p. 74]。この点は当初法制化されていなかったが、中国人の民族意識の高まりが意識されるようになってきた二〇世紀初めになって「ピーク保存令」(一九〇四年)

図6　香港のピークトラム(*Old Hong Kong*, Vol. 2, FormAsia, 1995, p. 12)

という形で制度化された。このピークにのぼるケーブルカー(山上鉄道)は、一八八八年に開通し、日本人旅行者はほぼ必ずといってよいほど乗ってみたが、ピークをめぐるそのような民族間の関係を彼らが認識することは、まずなかった。今日でも、このケーブルカー(ピークトラム)は香港旅行の目玉の一つであり、旅行者はそうした歴史を全く意識しないまま、ケーブルカーでピークに上り、景観を楽しんでいる。

イギリス人が支配する香港の様相を、第一次世界大戦中の一九一五年に寄港したジャーナリスト(後に政治家)中野正剛は、次のように描写している。

此処《ここ》は絶対に英領なり。青々たる連山の間に聳《そび》ゆるは、皆煉瓦造りの数層楼のみ。今まで見来りし日本の家は矮小なりき。支那の市街は燻《くすぶ》りたりき。然るにアングロサクソンの牙城たる香港は、〔中略〕傲然としてオリエンタル・レースの間に雄視するの観あり〔中野正剛、一九一七、三四二頁〕。

中野が香港で見たイギリス人の子どもたちは幸せそうであり、イギリス人たちはイギリス人としての幸福を東洋で享受しているのに対し、この地の本来の持ち主である中国人は、「公園の出入さえ禁止」されていた。そして中国人街は、洋館であったとしても、何となく無秩序で不潔であり、「此の民族の他に圧せらるる所以は、此の街衢《がいく》〔町なか〕に充満せる人々の面相にも現われ」ていると、彼は感じたのである〔中野正剛、一九一七、三四五頁〕。

しかし第一次世界大戦後になると、中国人の民族意識が高まってくるなかで、香港にも、政治の季節が到来した。とりわけ、二五年から二六年にかけては、反英意識を鮮明に打ち出したストライキやボイコットで、香港社会は激しく動揺した。二五年に香港で掲げられた政治的目標の一つが、ピークでの中国人居住であった。しかし、こうした中国人の民族運動は結局奏効することなく、イギリス植民地当局はその後、中国人の言論活動などへの抑圧姿勢を強めていった。

一九三〇年代になると、満洲事変を皮切りとする中国での日本の動きの活発化が、香港にも影を落とし始める。三七年の日中戦争開始後には、周辺からの中国人難民が大量に香港に流入してきた。香港は貿易港としての意味に加えイギリス海軍の拠点としてシンガポールに次ぐ重要性をもっており、イギリス側は防衛体制を増強しようとしたが、四一年一二月、アジア・太平洋戦争の開戦直後からの日本軍の攻略作戦によって、一二月二五日、香港のイギリス軍は日本に降伏するに至った。

シンガポール

マレー半島の先端、ごく狭い海峡をはさんだところにある島、シンガポールは、一八一九年にイギリス東インド会社のスタムフォード・ラッフルズが、現地の王位継承をめぐる紛争に介入するなかでイギリスのために獲得し、二六年からはマレー半島北西の島ペナンおよびマレー半島のマラッカとともに、東インド会社が統治する海峡植民地となった。交易の拠点として恵まれた条件を備えていたシンガポールはその後急速な拡大をとげ、一八三〇年から六七年の間に、交易量は三倍に、人口は四倍に増大した[Turnbull, 2009, p. 54]。その間、交易根拠地としてのこのような変化に東インド会社が十分な配慮を払ってくれていないという商人たちの不満が高まり、五七年に彼らはイギリス政府の直接統治を求める請願を行った。一〇年間の交渉を経て、直接統治化は六七年に実現することになる。幕末期の日本人旅行者が訪れたのはちょうどそのような時期だったのである。

その後もシンガポールは中継貿易港として発展していった。港を利用する船舶のトン数では、一九〇三年には世界の七番目の位置を占めた[Turnbull, 2009, p. 108]。さらに、イギリスによる支配が始まった頃は認識されていなかった軍事的戦略的な価値も、一八六九年のスエズ運河開通後重視されはじめ、それまで現地がほとんど負担していた防衛費をイギリス政府が負担するようになった。シンガポールの軍事的意味は、第一次世界大戦後さらに強調され、イギリス帝国防衛の中心的拠点として位置づけられていった。アジアに広がるイギリス帝国の要として、イギリスの力を象徴する地となったのである。それだけに、アジア・太平洋戦争開戦の直後、一九四二年二月に、難攻不落との予想を裏切る形で、シンガポールが日本軍に占領されたことは、軍事的のみならず政治的にもイギリス帝国を激しく動揺させた。

このような発展の過程で、シンガポールの人口も、ラッフルズが来た頃にはわずか一五〇人程度であったものが、一八六〇年には約八万人にふくらみ、二〇世紀に入る頃には二〇万人を越していった

〔岩崎、二〇〇七、七一頁〕。この地も、多様な人種をかかえることになったが、最も多かったのは中国人(とくに福建人が多かった)であり、人口の大半を占めた。それに次いだのが、インド人(南インド出身者が多かった)、マレー人であった。それに対し、支配権を握っていたヨーロッパ人(ほとんどがイギリス人)は、一八六〇年時点で五〇〇〇人以下であり、八一年になっても三〇〇〇人に達せず、一九〇一年でも三八〇〇人にとどまった。一方日本人居住者数は、一八九一年で二四五人、一九〇〇年で六七六人、一一年で一二四六人と着実に増加していった。

シンガポールにおける日本人のなかでは、一九世紀末から第一次世界大戦期に至るまで、娼婦(「からゆきさん」)の存在感が圧倒的であり、旅行者たちも異口同音に彼女たちについて触れている。一九三八年に出された、シンガポールでの日本人の活動記録を軸とした『南洋の五十年――シンガポールを中心に同胞活躍』という本は、日露戦争での日本の勝利で、「印度《インド》人、支那人と同列にしか待遇されていなかった在留邦人が始めて世界の一等国民として優遇」されるようになったと回想しつつ、それは「花街の全盛時代」でもあったと述べている〔南洋及日本人社編、一九三八、一四四、一六〇頁〕。シ

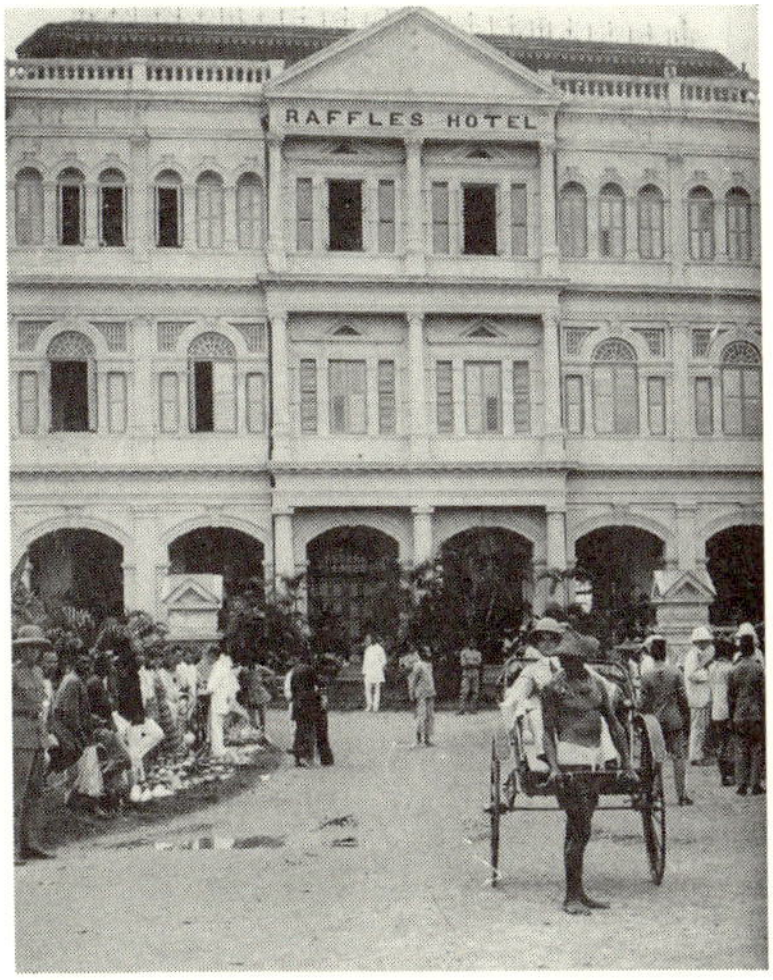

図7 シンガポールのラッフルズホテル
(Gretchen Liu, *Singapore: A Pictorial History 1819-2000*, Archipelago Press, 1999, p. 122)

ンガポールでの日本人娼婦については第Ⅳ章で詳述することにしたい。

シンガポールも上海や香港と同じく、あるいは観察者によってはそれ以上に、人種の多様性、階層性が見られた都市であった。一八八四年に陸軍卿大山巌のヨーロッパ視察に同行した軍人野津道貫《みちつら》は、シンガポールのホテルで会食した際、客が日本人であるのに対し、経営者はヨーロッパ人、ボーイは中国人やフィリピン人、雑役にあたっている人々はマレー人やインド人であることに気づいて「不図《ふと》一笑」し、「乃《すなわ》ち一座の人種を閲し五指を折り尽す、亦《また》奇ならずや。嗚呼《ああ》輻湊《ふくそう》雑居の地なるかな」と考えたと記している〔野津、一九八七、六〇頁〕。また一九一一年にイギリス国王戴冠式出席のため訪英する伏見宮に同行した乃木希典《まれすけ》の随員吉田豊彦は、人種によって職業がかなり確定されていることに強い印象を受け、人力車夫、下肥掃除のような下等の労働は中国人、牛車をひくものはインド人、自動車の運転手や馬車の御者など比較的労力が少なく多少技能を要する者はマレー人であると観察した〔吉田、一九九四、二三八―二三九頁〕。

第一次世界大戦期に中野正剛は、「白人は此地の征服者なり、黄色なる、土色なる、黒色なる、あらゆる劣等動物(?)の間に雄視して、独り勝ち誇りたる面構えなり」と多様な人種のなかで君臨するヨーロッパ人の位置を形容した。シンガポールに寄港した日本人は多くの場合、対岸のマレー半島南端の街ジョホールを訪れたが、中野はそこでは、停車場にいる役人がすべてインド人であることに着目し、「ジォン・ブルを後に控えたる印度の狐は、確かに支那豚を威嚇するに足るが如し」とインド人と中国人の間の序列を説明している〔中野正剛、一九一七、三六一、三六三頁〕。しかし、シンガポールの発展を支えていたのは、中国人であった。その点についての日本人旅行者の観察は、第Ⅳ章や第Ⅴ

章で紹介することにしたい。イギリスによる統治下で、中国人はしたたかに力をつけていたのである。第一次世界大戦後になると、シンガポールにおいても、中国人の民族意識は強まってきたが、それが反英的色彩をもつようになることへの懸念を植民地支配当局は深めていった。一九二九年にシンガポール総督に就任したセシル・クレメンティが、中国人の民族運動拡大を警戒して彼らのシンガポールへの移入規制を開始した結果、三〇年に二四万人を数えていた中国人の流入数は三三年には二万八〇〇〇人へと激減した[Turnbull, 2009, p. 146]。

一九三〇年代には、中国における日本の侵略活動拡大、とりわけ三七年に始まった日中戦争の余波がシンガポールにも及んだ。中国人の間で反日気運が高まってきたのに対し、イギリス当局は、反日デモの禁止や中国からの反日的書籍の輸入禁止などの措置をとったのである[Turnbull, 2009, p. 157]。しかし、こうした措置に見られた、反植民地主義民族運動に対する帝国主義国側の連携の構図は、結局一九四一年の日本による対英米開戦の決断によって最終的に崩れ、前述したように、四二年二月、シンガポールは日本軍の占領下に入ることになり、名前も昭南と変えられた。その後この地では、中国人を「抗日分子」と見なす日本軍によって大勢の中国人男性が虐殺された。虐殺の犠牲者数は四万人から五万人にのぼったと言われている。

ペナン

帝国航路をたどる旅行者の多くは、シンガポールから直接セイロンに向かったが、なかにはマレー半島西岸沿いを北上してペナン島に寄ってからセイロンに向かう船もあった。

ペナンは、一七八六年にフランシス・ライトというイギリス人がマレー半島ケダのスルタンから買い取り、東インド会社の代理として領有を始めた。ラッフルズもシンガポールに赴く以前にここで五年間勤務している。この島は一八二六年にシンガポール、マラッカとともに海峡植民地となったのち、六七年にイギリス政府の直接統治下に入り、半島で採れる錫《すず》、さらに一九世紀末葉以降はゴムの貿易拠点として発展をとげた。

帝国航路の船舶がここに碇泊する時間は短かったが、その間に、旅行者たちは、現在でも定番となっている観光スポットの蛇寺や極楽寺を訪れることが多かった。

これまでの寄港地と同じくイギリス統治下でさまざまな人種の人々が居住するようになったペナンでは、とくに一九世紀末に中国人が急増し人口の半分を占めるようになった〔ホイト、一九九六、五六頁〕。マレー系の現地人が社会の底辺に押しやられている様子を、一九〇〇年にこの地に寄った作家大橋又太郎（乙羽《おとわ》）は、「石工は支那人にして、下等の人夫は黒人のみ、〔中略〕馬来人種は、世界を通じて、最劣等なりと思わる」と表現した〔大橋乙羽、一九〇〇、六〇頁〕。

マレー人をめぐる興味深い観察として、大橋と同じ年にペナンを訪れたジャーナリスト（後に政治家に転身）の竹越与三郎が、「此地に於て最も注意を惹《ひ》くは土人の骨格生活が、我等の祖先に類似するの一事也」と記したことも挙げておこう。彼らの家が中二階で水辺にあるのが藤原氏の時代の池に臨んだ住居を想起させ、檳榔子《びんろうじ》（ビンロウの種）をかむことで彼らの歯が黒く唇が赤くなっているのが日本の貴族女性が口紅を塗りお歯黒をしていたことに通じるとして、「深く此地を探求せば、或は某《なにがし》の地某の土豪の家には我等日本人の祖先の過去帳をや発見せんと疑うほどなりき」と、竹越は思ったのである〔竹越、一九〇二、八二―八三頁〕。

東南アジアに日本人の祖先を見出すという発想は竹越に独特のものではなく、たとえばその前年に箕作元八は、サイゴンで、水辺の家屋や黒く染まった歯を見て、全く同じような感想を抱いている〔井出・柴田編、一九八四、一八頁〕。問題は、そのマレー人が陥っている哀れな状況から、そうした人々は亡ぶべき運命を有しているとの議論を竹越が展開したことである。その点については、第Ⅳ章で触れることにする。

ペナンは、一九四一年一二月一九日に日本軍の占領下に入り、ここでもシンガポールと同じく中国人の大量虐殺が行われた。犠牲者の数は、一六〇〇〇人以上といわれる。

ゴール・コロンボ(セイロン)

シンガポールもしくはペナンからインド洋上の長い航海が始まる。インド洋は「イギリスの湖」と呼ばれることがあったことから分かるように、イギリスが強大な力を振るう海域であった。一九二二年に旅した歴史家煙山《けむやま》専太郎は、インド洋を越えてアラビア海に入ったところで、太平洋では日英米という三国が鼎立しているがインド洋は全くイギリス帝国の一人舞台であるとして、イギリスの政治地理、経済地理の上から、インド洋は死活的重要性をもち、それだけにイギリス人はインド洋を帝国の領海同然のものとする意気込みである、と記している〔煙山、一九二八、二五―二六頁〕。

そのインド洋上で旅行者が必ず寄港したのがセイロン(スリランカ)の港であった。一七九六年にオランダからイギリスの手に移ったセイロンは、九八年に中央部のキャンディ王国を除く沿岸部分がイギリスの直轄植民地となった。さらに一八一五年にはキャンディもそれに編入され、全島がイギリスの支配下に組み入れられた。その後セイロンではコーヒープランテーションが拡大したが、さらに一八七〇年代以降コーヒーの病害やブラジルなどとの競合に直面するなかで、茶のプランテーションがそれにとって代わった。このプランテーション経済を支える貿易港として重要な意味をもった港が、ゴールであり、コロンボ（一八一五年以降セイロンの首都）であった。

ゴールはコロンボの港が改良されるまでの寄港地であり、一八六〇―七〇年代の旅行者は、ここに立ち寄った。一八七六年、三度目の渡欧の帰路、ゴールに着いた明治政府の官吏中井弘（桜洲）は、五回目の寄港であるため旅館の主人は旧知のようだ、と記している［桜洲山人、一九六八、三二五頁］。そのすぐ後、八〇年代になると、寄港地はコロンボとなった。その間の事情について、日本郵船社員高山謹一は後に概略次のように説明している。

ゴールは往年セイロン島の中で最も繁栄していた所で、帆船は東馳西走の場合必ずここに寄港したため、にぎやかな貿易場となり、多数の船が常にみられた。しかし港外に暗礁が多いのと、近代的で喫水線が深い汽船を碇泊させるには、港内狭隘を感じるのと、島内諸市への交通が不便なため、コロンボがこの港を継承する港となり、ここは地方の一港としてのみ存在をつづけている［高山、二〇一三、一六六―一六七頁］。

ゴールからコロンボへの交代期にちょうどセイロンに寄港したのが、八二年にロシアの皇帝即位式出席のためヨーロッパに向かった有栖川宮熾仁親王《ありすがわのみやたるひと》である。フランス船に乗った彼の一行は、ゴールを経由してからコロンボに碇泊した。そこでの記録には、「「コロムボ」港水堤漸《ようや》く工を落し其堤海中に突出すること殆んど三百間、為めに港内風波を起さず、且つ本港は「セイロン」島の主府なるを以て、更に投錨の処となすと云う」とある[林董編、一九八七、一四頁]。

シンガポールやペナンからゴールやコロンボに至ると、それまで多様な人種から成る寄港地の様相に接していた旅行者は全く異なる印象を抱かされることになった。土着のシンハラ人に加え、プランテーション労働者などとして南インドからタミール人が大量に流入し(一八七一年に行われた最初のセンサスによるとインド出身者は人口の八%をこえていた[Peebles, 2006, p. 70])、セイロンの住民も決して一様ではなかったが、日本人旅行者は彼らの間の違いを認識せず、「あかひげども」(一八九二年の池辺三山)とか、「五百羅漢のよう」な人々(一九〇〇年の竹越与三郎)とか形容したのである[池辺、二〇〇二b、三四頁][竹越、一九〇二、八八頁]。

そして、それまでの寄港地と違い、中国人も日本人もここではほとんど見られなかった。一九〇〇年に夏目漱石と同じ船で帝国航路を旅した国文学者の芳賀矢一は、コロンボについて、大体の様子はシンガポールに似ているが、最も大きな違いは中国人商店がないことであり、日本人もわずかに一戸のみである、と観察している[芳賀編、一九三七、六二四—六二五頁]。ただし、在外邦人数についての日本政府の統計では、一九〇〇年でセイロンでの日本人在住者は一三人であった。

ゴールやコロンボはセイロンの西岸にあるが、イギリスは東岸のトリンコマリーに海空軍の基地を設置しインド洋の軍事的拠点の一つとした。この基地の重要性は、第二次世界大戦期にシンガポールの陥落によって大きく高まった。

アジア・太平洋戦争がはじまると、四二年二月には、日本海軍連合艦隊司令部によってセイロンの占領計画もたてられた。この計画自体は海軍軍令部や陸軍の消極姿勢によって遂行されるには至らなかったが、四二年四月にはコロンボやトリンコマリーへの空襲がなされ、シンガポール陥落で打撃を受けたイギリスの東洋艦隊の力をさらにそぐため、セイロン沖のインド洋での海戦が試みられた〔インド洋作戦〕。この戦闘はイギリス海軍にかなりの打撃を与えることになった。

アデン

コロンボからインド洋の長旅を経て、旅行者たちは紅海へと入っていく。その際、初期の旅行者は紅海の入口のアデンに立ち寄ったが、それは二〇世紀になると少なくなっていった。日本郵船の高山謹一は、「日本船では特別の場合でないと着けぬ」とコメントしている〔高山、二〇一三、一九七頁〕。ただし、その後も立ち寄る人々はいた。一九三六年には、日本郵船の箱根丸を用いた作家横光利一が寄港している。

アデンを訪れた人々が一様に記したのは、不毛の地と見えるその風景の異様さであった。

幕末に外国奉行などの要職を務めた後、維新後は野に下っていた文学者成島柳北は、一八七二年にアデンの様相を次のように形容した。

蓋《けだ》し亜剌比亜《アラビア》の海岸は概ね砂礫《されき》のみにて青草を見ず。峰巒《ほうらん》〔山の峰〕は肉無く骨露《あらわ》れ剣の如く牙の如く、突兀《とっこつ》として〔けわしくそびえて〕心目を驚かす。亜細亜《アジア》中に嘗《かつ》て見ざる所なり。英人本港の山に沿うて砲台を築く。宛然たる天造の長城なり。其間に樹を栽え屋を築きぬ。其労想う可《べ》し〔中略〕此の不毛の郷に於て英人の土地を拓き道路を築く等、其の事業実に感服す可し〔成島、二〇〇九、

図8　1867年のアデン（R. J. Gavin, *Aden under British Rule 1839–1967*, C. Hurst, 1975, pp. 121–122）

二六八―二六九頁〕。

また、それから六〇年以上が経った一九三六年、横光利一はこう記している。

銅版色の横皺のある巨大な岩がアデンそのもの。峻峰奇峰の間に焼け崩れたようなぼろぼろの古代の城壁が見える。〔中略〕全く不毛の地らしい。千五百尺の深さまで掘ってようやく水を得た井戸が城郭の中に一つあるきりだ。草木の生えよう筈もない。〔中略〕ほとんど草木さえ植える事の不可能な土地、――水なく、暑気激しく、熱風吹き暴れるこのような土地でなければ生活出来ぬ人種もあるのだ。荘厳なものは岩の峻峰と空と太陽と城砦である。しかも、それらは極めて、壮麗で、ここに生活している人種とは比較を絶して美しい〔横光、二〇〇六、四二―四四頁〕。

同じ年、横光より約二カ月後にアデンに上陸した作家武者小路実篤は、「一番すみたくないのはアデンだが、しかし画にかきたいのもアデンだった」と回想している〔武者小路、一九八九a、二二頁〕。

きわめて厳しい自然的条件のもとにあったアデンでイギリスが植民地を建設したことは、しばしば成島柳北のような感嘆を呼んだ。この地は、一六世紀初めにポルトガル人がヨーロッパ勢力として初めて足を踏み入れてから、ポルトガルとオスマン帝国の競合を経て、一七世紀半ば以降はアラビア半島南部のスルタンによって支配されていたが、一八三九年にイギリスが獲得した。三七年にヴィクトリア女王が即位してから後、初の領土獲得であった。その動機は、蒸気船のための石炭補給基地確保、インド航路での海賊襲撃防止のためであったといわれる。日本人旅行者が訪れはじめた六〇年代は、ちょうどイギリス統治下におけるアデンの急速な建設期にあたった[Gavin, 1975, p. 99]。六九年のスエズ運河開通で、経済的にも戦略的にもアデンの重要性は高まり、それから一世紀たった一九六七年に「スエズ以東」からのイギリス勢力の撤退の一環として軍が退くまで、同地は「イギリスの湖」(インド洋)の西端を抑える軍事的要衝という位置を占めていくことになった。

紅　海

アデンに寄港する人々もアデン沖を通り過ぎる人々も、それから紅海に入っていった。ここで多くの人々は激しい暑さに参ってしまったが、中には、紅海の雰囲気に魅せられる旅行者もいた。

第二次世界大戦後の帝国航路についてはエピローグで取り上げるが、そこで対象とする作家遠藤周作は、フランス船で航海したためアデンには寄らず、アフリカ大陸側のフランス領ジブチに寄港した。一九五〇年六月のことである。ジブチで遠藤がまず受けた印象は、「誰もいない道、馬小屋のような家、光も建物の色も、海も、すべて強烈だ。まひるのさがり、死の街のようだ」というものであった。しかし、詩人ランボーが惹かれたジブチの光景は、遠藤に強烈なインパクトを与えた。「ジプチの事はいつか書かねばならぬ。／多くの乗客にはおそらく興味ない、この何もない街ほど、心をゆさぶったものはない。ここから何かとりだせる。この死のまひるの街はたしかに何かの背景となるであろう」と彼は思ったのである〔遠藤、二〇〇〇e、一五―一六頁〕。この地での、そして紅海での体験は、遠藤の処女作『アデンまで』という短編に結実することになる。その小説執筆の背景を、後に彼は次のように語っている。

一人の日本人がふるぼけた貨物船でスエズ運河から紅海をわたる。東洋と西洋をわかつこの一点では泥によごれた海と両岸の不毛の砂ばくがデッキからみえるだけだ。／ぼくははじめてここを通りすぎた時、ほとんど一日中、甲板にすわって黄色い海と黄色い土とをながめつづけたものである〔遠藤、二〇〇〇b、二八一頁〕。

スエズ運河

紅海と地中海は、一八六九年まではつながっていなかった。それまでの旅行者は、紅海からスエズ湾に入ってスエズで下船し、一八五八年から走っているスエズ鉄道に乗り、アレクサンドリアやカイロに向かったのである。第Ⅱ章で紹介するように、福沢諭吉もここで鉄道に初めて接し、強い驚きを覚えている。

一八六九年一一月のスエズ運河開通は、帝国航路の様相を大きく変えた。その一〇年前に掘削が始められた運河建設工事の完成によって、インドなど東方世界がヨーロッパと水路で直結することになったのである。それは、ヨーロッパの人々にとって大変な出来事であった。その二年後、長らくアフリカの奥地で行方不明になっていた探検家リヴィングストンをスタンリーが「発見」した際、スタンリーが「スエズ運河が事実となって開通しており、ヨーロッパとインドの間で定期的な貿易が行われるようになっているのをご存知ですか」と尋ねたというエピソードがある［Haddad, 2005, p. 363］。

運河開通後、運河を通って、その光景について、さらには運河の建設経緯について、詳しい記録を残す旅行者はきわめて多かった。たとえば、一九〇二年に劇作家島村抱月は、次のように運河の情景を描いている。

> 双岸の荒野、平砂《へいさ》〔平らな砂地〕茫々《ぼうぼう》として、オアシスの形ちせる所には、樹木の間よりかすかに燈光の点々たるを見る。彼所にも人生あるよなど思うに、淋しく物悲し、遥かなる砂山の麓より蒼然たる暮色蔭の如く蔽い来て、悲風何れよりともなく吹きすさみ、天地剖闢《ぼうへき》〔開くこと〕の暁、人間太古の廓寥《かくりょう》〔さみしさ〕も斯《か》くやと感ぜらる。原人其の中をさまようの記録は、やがて聖書にあらずや［島村、一九二〇a、一二六頁］。

スエズ運河が開通した時点では、イギリスやフランスの勢力が増大していたものの、エジプトは名目的にはオスマン帝国の一部である独立した政治体であり、ヨーロッパ列強の正式の版図にはまだ入っていなかった。運河開通時は、エジプトを統治していたイスマーイール・パシャ（在位一八六三―七九年）の最盛期といってよかったのである。しかし、運河建設のための出費などによって対外債務がかさんだ結果、七五年にイスマーイールはスエズ運河会社の全株式をイギリスに売却し、イギリスの経済的影響力がさらに強まった。そのような状況に反発し、外国勢力による内政干渉を排除して立憲制を確立しようとして立ち上がった人物が、アフマド・オラービーである。この「オラービー革命」によるエジプトの情勢動揺に直面したイギリス政府は、エジプトに投資した債権者の経済的利害や、インドに至る海路の安全確保に関わる政治的・軍事的利害が錯綜するなかで、一八八二年、軍事行動に乗り出し、エジプトを実質的な支配下に置いた。エジプト自体の内閣は存在しつづけたが、事実上イギリス帝国の一部となったのである。「オラービー革命」もその時点で挫折し、オラービーは捕らえられてセイロンに幽囚された。そのオラービーに強い関心を寄せる日本人旅行者がいて、実際に彼と会見した人々も出てきたことについては、第Ⅲ章で扱う。

実質的にイギリスの帝国領土となって以降も、エジプトの宗主国はオスマン帝国であった。その状態が変わったのは、一九一四年、第一次世界大戦勃発後に、オスマン帝国がドイツ側に立って参戦し、イギリスの敵国となった時であり、エジプトはイギリスの保護国に変えられた。第一次世界大戦後二二年にイギリスはエジプトに形式的に独立を付与したが、実質的な支配は第二次世界大戦後までつづいていった。五二年に軍事クーデタでその状態に終止符を打ったナーセルが、イギリスの支配欲にとどめをさしたのが、五六年のスエズ運河会社国有化とその後の展開（スエズ戦争）である。

この経緯からも分かるように、スエズ運河はイギリス帝国のきわめて重要な脈管であり、運河を利用する船もイギリス船が圧倒的に多かった。運河の利用状況について記録した旅行者も少なくないが、一八九五年にここを通った陸軍軍人福島安正によると、九三年の運河通航船舶数は、イギリス船二四〇五隻、フランス船二七二隻であり、日本船は一隻にとどまった［福島、一九三五、三三八―三三九頁］。その後、先述したように九六年から日本郵船がヨーロッパ航路の船を就航させたことなどによって、スエズ運河を利用する日本船の数は増していった。一九二二年に林安繁が記録したところでは、第一次世界大戦直後の一九年の通航船舶数では、イギリス船の一八九八隻に次ぐ第二位が日本船の四一四隻であった。三位がオランダ船の一七五隻、四位がフランス船で九八隻であったことを見ると、日本の存在感の拡大ぶりは明らかである〔林安繁、一九二三、三四頁〕。

ポートサイド・カイロ・アレクサンドリア

スエズ運河開通前にスエズ鉄道を利用した人々は、陸路でカイロに入り、さらにアレクサンドリアに赴いて地中海での船旅に向かった（中にはカイロに寄らない旅行者もいた）。一方運河開通後になると、運河を通ってからポートサイドに上陸し、そこから陸路でカイロ、アレクサンドリアへと向かう旅行者が多かった。彼らにとっては、カイロで周辺のピラミッドや博物館を見るのがほぼお決まりのコースであった。

一八八四年に陸軍軍人野津道貫がポートサイドで、「港内には汽船の来船する者三十余隻宛然として鴨隊の如く（概ね英仏船に係る）、一目して其通商貿易の旺盛なるを知らしむ。岸上には電信汽船其他各公廨《こうかい》〔官庁〕鱗次《りんじ》〔連なって〕軒を比《なら》ぶ。乃《すなわ》ち吾人をして亜西亜《アジア》の空気を脱し欧羅巴《ヨーロッパ》の域に抵《いた》れりと感触せしめたり」〔野津、一九八七、八〇―八一頁〕と記したように、スエズ運河を抜けて地中海に入ると、目的とするヨーロッパが近くなったとの印象を旅行者は強く抱いた。しかし同時に、ピラミッドや博物館を見るまでもなく、エジプトは、旅行者たちの多くが憧れていたヨーロッパよりも遥かに古い古代文明をもち、ヨーロッパとは異質の要素を強く備えた国であった。一八八九年に渡欧した、日本における人類学の先駆者坪井正五郎は、アジア、アフリカ、ヨーロッパの文化が混在する地として、アレクサンドリアが非常に気に入った〔川村、二〇一三、一一七頁〕。一方、一九〇〇年にポートサイドでさまざまな言語が飛び交っている情景に接した竹越与三郎は「殊に東西両洋人の最悪最醜なるものを代表」している、と文化の混交ぶりに嫌悪感を示した［竹越、一九〇二、九二頁］。

多くの旅行者は、エジプトの人々について、その生活の貧しさや、ピラミッド見物の案内人の貪欲さなど、悪い印象を書き残している。ここでは、一例だけ紹介しておこう。一九一二年にイギリス留学に出発した経済学者小泉信三は、航海中に出した日本への手紙で、上海や香港、シンガポールについてはとくに目立った感想を述べなかったにもかかわらず、石炭積み込みのために三、四時間碇泊しただけのポートサイドからは、こう書き送っている。

ポートサイドの市街は実に恐ろしき所に御座候《ござそうろう》。船着き場は一体に人気悪しきは当然なれどもポートサイドは其《その》悪弊を極端に完全にしたる町に御座候。元来ポートサイドに上陸するものは小生等の如く石炭粉塵の難を避くるものか、シリヤ、アレキサンドリヤ、ブリンヂシ等へ行く船の乗継ぎ時間を待ち合わすものより外に無之候《これなくそうら》えば、ポートサイド市民が何とかして是等の旅客より金を捲き上げさえすれば可《よ》しと考うるも亦《また》当然に御座候。極言すればポートサイド市全体は哀願脅迫誘惑詐欺等あらゆる不正の手段を以て旅客の懐を捲上げんとする人間より成るものに御座候

［小泉編、一九九四、二六―二七頁］。

そして多くの人々が抱いた疑問は、古代文明を誇った地が、なぜ衰微し、他に従属する位置に甘んじているのかということであった。その疑問は、一八八〇年代初めにエジプトの力を取り戻そうとして挫折したオラービーへの関心につながった。こうした疑問や関心は、近代日本の行く手に思いをめぐらしながらヨーロッパへの旅に上った人々にとって当然のものだったと言ってよいであろう。

第Ⅱ章

幕末動乱のなかで——一八六〇年代

一　日本の将来を探る旅

自由貿易帝国主義の時代

日本人による帝国航路の旅が始まった一八六〇年代、世界は自由貿易帝国主義の時代の最中にあった。自由貿易帝国主義という考え方は、一九五〇年代にイギリスのロナルド・ロビンソンとジョン・ガラハーという二人の歴史家によって提唱された。それまで、一九世紀におけるイギリスの勢力拡張をめぐる議論が、一八七〇年代以降の帝国主義の時代に焦点を絞り、一九世紀中葉を帝国拡大に批判的な「小英国主義」が支配的な時代として描いてきた点を彼らは批判し、その時期にもイギリスが自由貿易の旗を振りつつ帝国拡大を進めていたことを強調したのである。

その点は、アジアに即してみると非常にはっきりしている。一八四〇年から四二年までのアヘン戦争と五六年から六〇年のアロー戦争（第二次アヘン戦争）の結果としての中国での勢力拡大や、五七年のインド大反乱（シパーヒーの反乱）後におけるインド支配のいっそうの強化などが、それを示していた。

日本はそうした状況のなかで「開国」を迫られたのである。この時期にイギリスが日本に対して抱いていた思惑をめぐっては、「小英国主義」的傾向をあくまでも重視して日本を植民地化しようとする姿勢はなかったとする見方（遠山茂樹など）、日本を植民地化、従属国化しようとする意図が存在していたとする見方（井上清など）、市場として重視されていたのは中国であって日本は重要視されていなかったとする見方(石井孝など)といったさまざまな見解がかつて出された。

こうした議論の決着がついているとは言い難いが、いずれにせよ、幕末の旅行者たちが帝国航路を通りはじめた頃、その寄港地でのイギリスの勢力は著しい拡大をみせていたのである。

帝国支配を支えるさまざまな仕掛けともいえるものが整備されていったのもこの時代である。最も重要な仕掛けとして、遠隔地の支配を効率的にする通信網の構築をあげることができる。大陸と大陸の間をつないで電信で情報を送る海底ケーブルの敷設は一八五〇年代から試みられ、六六年には大西洋を横断する海底ケーブルが開通した。七一年には長崎とロシアのウラジオストックを結ぶ海底ケーブルが敷設され、そこからヨーロッパとの通信が可能になったし、七三年には長崎と東京が電信線で結ばれて東京から海外への直接通信ができるようになったのである。

大洋を航行する船が、帆船から蒸気船に切り替わっていったのも、この時代であった。第Ⅰ章で触れたように、そうした船がヨーロッパとアジアの間をより効率的に行き来できるようにスエズ運河が掘削されて開通したのは、六九年のことである。

幕末の日本が送り出した人々

この時代の日本では、一八五三年のペリー来航をきっかけとして開国の過程が進行していくことに反発する攘夷論が浮上し、それが徳川幕府による支配を批判して天皇を政治の軸にしようとする尊王論と結びついて、尊王攘夷の運動が激化していた。そうした国内政治の動揺を背景に、日本の将来についての手がかりを探るためにヨーロッパに渡る人々が、幕府側にも、薩摩や長州などの諸藩側にも出てきた。それは、正式の使節団の場合もあれば、密航という形をとることもあった。

幕府が海外に送った最初の使節団は日米修好通商条約批准のための一八六〇年(万延元年)の遣米使節団であった。彼らは往路は太平洋を横断して米国に渡り、帰路は大西洋を南下して南アフリカの喜望峰を回ってインド洋を横切り、オランダ領東インドのバタヴィア(現在のジャカルタ)、香港という経路をとった。その後、すでに約束していた新潟・兵庫の開港と江戸・大坂の開市の延期を求める交渉のためにオランダ、フランス、イギリスなどに赴いた六二年(文久二年)の第二回遣外使節団(以下、文久使節団)や、開港していた横浜を閉鎖するためフランスに派遣された六四年の使節団、横浜製鉄所建設準備などの目的でやはりフランスに送られた六五年の使節団は、いずれも帝国航路をたどった。また幕府から留学目的でヨーロッパに派遣された若者たちもいた。たとえば六二年にオランダに向けて出国した留学生一行は、途中座礁事故にあうなどの苦難を経験しながら、喜望峰経由でヨーロッパに向かった。

諸藩の側では、六三年、攘夷姿勢をとっていた長州藩がイギリスに留学生を密航者として送り出した。井上馨や伊藤博文を含む五人の留学生たちは、当初の行き違いのため(海軍 navy の勉強をしたいというべきところを、航海術 navigation を習いたいといってしまった)、喜望峰回りの航路で下級船員としてこき使われることになった。また薩摩藩も、六五年に一五人の留学生をイギリスに密航させた。その後には、佐賀藩や広島藩からも密航留学生が出ている。

日本から送り出される人々が、ヨーロッパ諸国と日本の関係にとって、また日本の将来にとっていかなる意味をもつかということは、寄港地で彼らを迎えるヨーロッパ人の側でもかなり分かっていた。

たとえば、文久使節団の香港寄港を報じた現地紙『チャイナ・メール』は、日本のような国が排外的な姿勢を保ちながらこうした使節団を派遣することは考えられないとして、日本の支配層はヨーロッパを見ようとする強い意図をもっているはずだ、と論じた。そして、彼らがイギリスの事物を見て帰国した暁には、「わが国の港や工場についての情報をもち帰り、日本人の心の中に宿っているかもしれない、戦争こそわが国〔イギリス〕が主としてやっていること、という考えを拭い去ってくれるだろう」と予測したのである（*China Mail*, 13 February, 1862）。

ヨーロッパに旅する人の流れは、一八六〇年代後半にはより多様になった。プロローグで紹介した『西洋道中膝栗毛』の面々はロンドンの万国博覧会見物に出かけるという設定になっていたが、実際、六七年には清水徳川家の当主徳川昭武が率いる使節団が、パリでの万国博覧会視察のために訪欧した。徳川昭武はヨーロッパ各国訪問後、パリでの留学生活に入ったが、その前年に幕府は留学のための渡航許可をめぐる布達を出している〔石附、一九九二、九八頁〕。また各地で興行する芸人なども帝国航路を行き来しはじめた。とはいえ、このような旅をする人の数はまだ限られていた。幕府が倒壊するまでにアメリカ合衆国を含め西洋に渡った人々は、留学生や視察旅行者、芸人が一五〇人前後、幕府や諸藩から送られた者がのべ三〇〇人余りと推定されている〔松沢、一九九三、四二頁〕。

彼らは、遠く離れることになった日本の情勢に思いをはせつつ、海を越えた。渡航をめぐる状況が日本での激動によって大きく変化した者も少なくない。たとえば井上馨と伊藤博文は、長州藩が米・英・仏・蘭の四カ国艦隊と戦うという情報に接して急遽ロンドンから帰国の途についたし、徳川昭武の場合は、留学生活中に兄の徳川慶喜が大政奉還を行って明治の世となったため、新政府によって帰国を命じられた。

観察する者と眼を閉ざす者

この時期ヨーロッパに向かった人々の多くは、攘夷の志を抱きながら相手方の姿を見ておこうとする者も含め、それぞれの立場から日本の将来を模索するために海に乗り出したのであり、寄港地でも熱心に知識を習得しようとした。文久使節団に日本から同行したイギリスの外交官ジョン・マクドナルドは、その様子を次のように描写している。

香港滞在中彼らは飽きることなくあらゆることがら――統治の仕方、都市の諸規制、中国人住民が英法のもとに置かれているかどうか、いつわが国がこの島を領有するようになったかということなど――について質問を投げかけた。〔中略〕〔シンガポールでの〕彼らの部屋からは多数の船が停泊している波止場がよく見えたので、港での交易について多くの質問が発せられた。関税徴収所はあるのか、水先案内人の費用はいかほどか、主立った船はどこからきているのか、通常の積荷は何かなどである[Macdonald, 1863, pp. 609, 610]。

寄港地のどこをとっても、この頃には在住している日本人はほとんどいなかった。ただし皆無であったわけではなく、文久使節団がシンガポールに寄港した際に彼らを訪れてきた音吉(乙吉とも表記)のことは、旅行記を残した人々がこぞって触れている。音吉は、一八三二年に乗っていた船が遠州沖で遭難し、長い漂流の末アメリカ太平洋岸にたどりつき、インディアンによってイギリス船に売り飛ばされた。三七年には彼を日本に戻そうとした船モリソン号が、異国船打払令のもとで砲撃されている。いわゆるモリソン号事件である。その後も彼は日本に帰る機会を逸したまま、上海に、さらにこの六二年からはシンガポールに在住していた。ただし、五四年には日英交渉のため長崎を訪れたイギリスの極東艦隊司令長官スターリングに随行して日本に戻ったことがあり、その際福沢諭吉に会っている。したがって、福沢にとってこの時の音吉との出会いは二度目であった。使節団一行は音吉から、当時中国で展開していた太平天国をめぐる情勢についての話を聞いた。

しかし、音吉は例外的であり、この時期に帝国航路を旅した人々は、日本や日本人の存在感がない所を移動していったのである。そのような状況であればこそ、彼らは熱心に情報収集を行ったともいえよう。

ただし、すべての旅行者たちが見聞きするものに対して好奇心をもっていたわけではない。旅行者のなかには、新たな事物に心を開かなかった者もいた。たとえば、文久使節団の副使であった松平康直（石見守）は、日本風を守ることに執心し、香港で一行中の一人が靴を買い求めて履いたのを見とがめ、国に追い返すべしと言ったという。通訳として使節団に同行した福地源一郎（明治時代を代表するジャーナリスト）は、回想録のなかでこうした姿勢を批判的に描き、その結果、使節団は帰国の暁に及んでも、欧州巡回の功績は直接にも間接にも顕れることはなかった、と慨嘆した［福地、一八九七、七六―七七頁］。こうした姿勢は、マサオ・ミヨシが『我ら見しままに』で描いたように、六〇年の遣米使節の場合にすでに強く見られたところである［ミヨシ、一九八四］。

一方、帝国航路での寄港地を観察することによって、それまで抱いていた攘夷の考えを薄めたり、ぬぐい去ったりする人々もあらわれた。六三年に密航した長州藩士井上馨の場合が顕著である。上海に着いた井上は、軍艦、蒸気船、帆船などが何百隻と錨をおろし、船舶の出入りも頻繁で、繁盛している状態を見て、攘夷の志向から決別していった。彼の伝記筆者によると、井上は上海の景況を見るに及んで、深く感ずるところがあり、従来の迷夢から覚めたのである。その気持は長旅を経てロンドンに着いてその繁華の様相に接することで確固たるものとなり、「攘夷の念の如きは、忽ち消散してその跡を留め」なくなったという［井上馨侯伝記編纂会編、一九六八、九〇、九七頁］。

二　ヨーロッパ文明との出会い

ヨーロッパ風の事物

旅行者を驚かせ、時として攘夷の考えをも捨てさせたのは、寄港地を彩るヨーロッパ風の事物であった。

一八六二年に出発したオランダ留学生は、船が難破したあとたどりついたオランダ領東インドのバタヴィアで、レンガ造りの洋館、整備された道路、馬車、ガス燈、電信などに接して大変驚いた。また彼らは病院や製鉄所、国会議事堂などを見学している［田口、一九八四、七一―七二頁］［宮永、一九九〇、四二頁］。

また、六七年に徳川昭武に随行して訪欧した渋沢栄一は、上海で次のように強く驚歎したことを後に回顧している。

江岸には凡《すべ》て瓦斯《ガス》燈を設け、電線を架設し、街路樹を植え、道路は平坦で殆んど欧風である。何しろ我が国に於いては石油ランプさえ珍らしい時分で、蠟燭《ろうそく》が明いとされていた頃、地中に樋《とい》を埋めて瓦斯を導くなどということは、想像も及ばぬことで、況《いわ》んや電線によって音信を伝えるなどは、切支丹《キリシタン》バテレンの妖術でない限り、有り得べからざる事であったのだ。百聞一見に如かずで、私は汽船の設備にまず感心したが、欧洲の土を踏むに先だち、上海で西洋人の科学知識の遥《はるか》に進歩して居ることを実地に見聞し、大に学ぶ処あらねばならぬと痛感した［渋沢、一九三七、一三四頁］。

渋沢は、香港、サイゴンという経路をたどるなかで、そうしたヨーロッパ的な事物に慣れていき、シンガポールに着いた時には、格別新奇に感じるほどの印象をもたなかった。とはいえシンガポールでは、イギリスのアジアへの進出拠点となっているだけあって、埠頭の築造の仕方、電線の設け方、馬車の備えなどすべてにわたって「文明的の設備」がすこぶる進んでいるとの印象をもったのである［渋沢、一九三七、一三九頁］。

旅行者を驚かせたのは、建築物や設備のような大きなものには限られなかった。文久使節団の同行者マクドナルドにとっては、香港でアイスクリームを初めて味わった際の使節たちの様子がよほど面白かったらしい。スプーン一杯分をまず口に入れた時、使節たちはびっくりしたが、彼らの相好はすぐに崩れ、眼をぱちぱちさせ続けた、と彼は記している［Macdonald, 1863, p. 609］。六五年に薩摩藩の留学生の一員として渡欧した松村淳蔵も、インド洋を航海中の食事にアイスクリームが出てきたことについて、熱帯の海の中で氷を食べるのはすこぶる奇妙なもの、という感想を書き残した［松村淳蔵、一九九九、一〇頁］。

スエズ鉄道

帝国航路をたどる以前に、一八六〇年の遣米使節団で米国を訪れたことがある福沢諭吉の場合には、寄港地での衝撃はそれほど大きくなかったが、彼にも驚くものがあった。インド洋を横切った後にスエズに上陸し、そこからカイロに向かって乗った鉄道である。六〇年の遣米使節団のうち、パナマを回ってワシントンに赴いた正使一行はパナマで汽車に乗り、「車の轟音、雷の鳴はためく如く、左右を見れば、三、四尺の間は草木も縞《しま》のように見えて、見とまらず。七、八間先を見ればさのみ目のまわる程のこともなく、馬の走りを乗るが如し」という経験をしていた〔赤松編、一九七七、九九頁〕。しかし、サンフランシスコまで行っただけの福沢などは、汽車を見たりそれに乗ったりする機会がなく、文久使節団でスエズに上陸したとき初めてそれに接したのである。福沢がスエズを汽車で出発したの

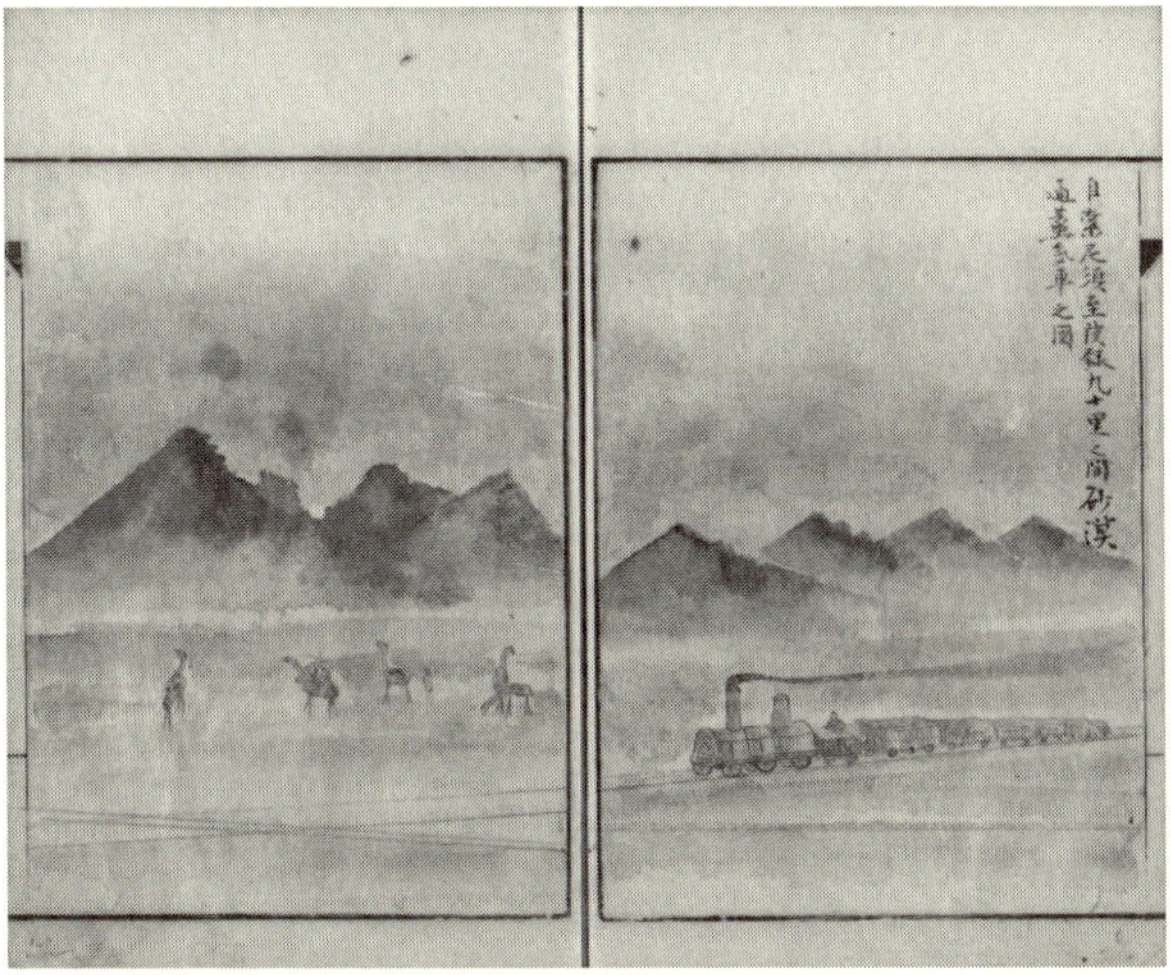

図9　スエズ鉄道の図(高嶋祐啓『欧西紀行巻三』，国立国会図書館蔵)

は午後二時であり、途中二カ所で停車した後カイロに到着したのは午後七時半であったため、停車時間を差し引くと、五時間二分で七二里(二八三キロメートル)を走った、と彼はその速度に感心した〔福沢、一九七一、一五頁〕。同じ汽車に乗った市川渡(清流)は、その初体験の興奮を、千万里の外を稲妻のように速く馳《は》せる、と表現している〔市川、一九九二、五三頁〕。文久使節団を支援するためすぐ後にイギリスに向かった総領事オールコックに随行した淵辺徳蔵も、同じようにその鉄道のスピードについて、走る馬よりも速く、車窓から左右を眺めても近くのものの形が分からないほどで、少し離れたものになってようやく分かる、と描写した〔淵辺、一九八七、三二頁〕。鉄道体験がもたらした衝撃はきわめて大きかったのである。

三　ヨーロッパとアジアの落差

対照的な家屋

寄港地でのヨーロッパの事物に旅行者たちが強い印象を受けたのは、それら自体の新奇さに加えて、それをとりまく現地の事物との間の大きな落差のためでもあった。その違いを旅行者に最も明確に感じさせたのは家屋である。

市川渡は、香港で滞在したコマーシャル・ホテルについて、レンガ造り三階の西洋建築であって、石の階段をらせんで登る、部屋数は全部で二十ばかりあり、各部屋の正面の壁には大きな鏡がかけてある、といった調子で細かに描写している。そして、ヨーロッパ人と中国人の家屋が雑居している香港の街について、前者の家はいずれも三階建てのレンガ造りで大きな建物が多いのに対し、後者の建物は二階建ての木造で三間半から三間の規模にすぎないとそのコントラストを強調した〔市川、一九九二、三八、四一頁〕。

文久使節団は上海に寄らなかったが、すぐ後に使節団を追った淵辺徳蔵は上海に寄港した際、そこでの風景を、あたかも水墨の山水画を見るようできわめて趣があるとしつつ、外国人の家は三階、四階建てであるのに対し、中国人の家は小さくて見るに足りないと評した。彼はシンガポールにおいても、「土人」(マレー人)の家の方は椰子の葉で屋根を葺いたみじめなものであり、流れてきている中国人の家もそれと同様である、とコメントしている〔淵辺、一九八七、八、一七頁〕。

また一八六二年に日本を出たオランダ向け留学生の一員であった洋学者の津田眞一郎(真道)は、船の難破の後たどりついたバタヴィアの家屋について、西洋人の家はすべて宮殿のようであるのに対し、中国人の家は日本商人の家のようであり、「土人」の家はきわめて貧しいあわれな小屋で日本の水呑百姓の家に似ている、と書き残した〔津田、一九八二、五二二頁〕。

家屋をめぐるこうした対比は、寄港地でのヨーロッパ人とアジア人の関係についての観察に結びついた。市川渡は、香港での中国人について、かつては堂々たる大国の人々であった者が、野蛮なイギリス人に体よく使われる身となって奴隷のように見られるのは自業自得であると見たし、津田は、ヨーロッパ人の多くは大商人であって小商人は希であるのに対し、中国人は小商人が多く、「土人」は奴隷に似ていると論じたのである。

渋沢栄一が上海でヨーロッパ文明に驚歎したことは前述したが、彼は、ヨーロッパ人が中国人を使役する様子について、あたかも牛馬を駆使するに等しい状態であり、鞭《むち》をもって監督していたことにも驚いた。その際、渋沢に強い印象をあたえたのは、中国人の側がそれを怪しまないのみか、むしろ当然の如くに心得ているらしい、ということであった。その状況を見て、東洋の老大国民もヨーロッパに比べるとほとんど問題にならぬ程に文化の上に隔たりがあることを感ぜざるをえなかった、と渋沢は回顧している［渋沢、一九三七、一三五頁］。

臭気と「不潔」

ヨーロッパ人に屈従するアジアの人々に向けられた旅行者の眼は、アジアの人々を「不潔」で「野蛮」な存在として捉える態度をしばしば伴った。

一八六五年にフランスとイギリスに赴いた岡田摂蔵は、福沢諭吉の慶應義塾で学び、六三年にその二代目塾長となっていた人物であるが、上海の繁栄ぶりに驚歎しつつ、土人は生来怠惰であって恒産を失い、日々遊興に耽って、ややもするとヨーロッパの商館から物を盗んだりすると述べ、ヨーロッパの商館が日々ますます繁盛の場となっているのに対して、「支那人の住む所は不潔にして富者少なし」と記した［岡田、一九八七、四八四頁］。

当時の旅行記のそこここに見られるのが、そのような「不潔」感をそそる大きな要因としての、寄港地にひろがる臭気であった。ヨーロッパへの旅行者ではないが、六二年に幕府使節の随行員として上海を訪れた長州藩の高杉晋作は、あまたの商船や軍艦が碇泊していることや商館が城郭のようであることに感心する一方で、居酒屋や茶店は日本と同じであるものの、ただ臭気のみがはなはだ恐るべきものであると記した。彼はさらに同行者に病人が多く出ていることについて、それは水のせいかもしれないとしつつ、土人の臭気が人を蒸すようであることに注意を促している〔高杉、一九一六、七六、七八頁〕。六四年の遣欧使節団のメンバーであった杉浦譲にとっても、道路が狭くて不潔であることとともに、飲食店の臭気が流れて気持を悪くさせる、ということが上海での強い印象であった〔杉浦、一九七八、一二八頁〕。

臭気はカイロでもよく記録された。文久使節団の市川渡は、カイロにおいて、土地の人間の風俗は愚陋で狡猾で、かつ仕事を怠けているという点に加え、街には常にチリやゴミ、悪臭や異物が充満している、と観察した〔市川、一九九二、五四頁〕。六六年にイギリスに密航した薩摩藩の中井弘の言を借りれば、カイロの街の不潔さは中国を髣髴《ほうふつ》させるものであった〔中井、一九六八、二八七頁〕。

こうした臭気の記録は、次章で扱う時期以降も旅行記に散見される。たとえば九二年に渡欧したジャーナリスト池辺三山が見た上海も、街路が狭く臭気が鼻をつく都市であった〔池辺、二〇〇二a、一八頁〕。さらに時代が下ると、第一次世界大戦直後に留学に出かけた矢内原忠雄は、シンガポールでバスに乗った時、中国人、マレー人、インド人と一緒になって臭気に襲われた末、帰船後に香水を使ってその臭気を駆逐したことを記録している〔矢内原、一九六五、五一〇頁〕。

においの社会的意味については、一八世紀から一九世紀にかけてのフランスを主な対象とするアラン・コルバンの『においの歴史』というすぐれた研究がある〔コルバン、一九八八〕。コルバンは、階級や身分の違いに着目して臭気の問題を追求し、人種や民族の違いとの関係までは論じなかったが、異質な、そしていやなにおいは、階級的差異同様、人種的、民族的な差異についての感覚、さらには優劣感覚に密接に結びついた。人種の差異感覚と最もよく結びつくのは視覚(とりわけ肌の色の違い)であるが、嗅覚が演ずる役割も大きかった[竹沢編、二〇〇九、一一頁]。日本人旅行者は、寄港地でのアジアの人々が発する臭気、そしてそれが増幅する不潔感から、彼らの「野蛮」さを感じとったのである。

四　植民地化への警戒と日本の行方

福沢諭吉と帝国航路

ただし、寄港地での「野蛮」さの感じとり方にはもちろん各人それぞれのニュアンスがある。それを、福沢諭吉の場合について検討しておこう。

福沢は、文久使節団に加わって帝国航路をたどった際の航海記録を「西航記」にまとめた。その記述は必ずしも詳細なものではないが、そこにはアジアの人々についての彼の印象がいくつか記されている。

文久使節団の最初の寄港地は香港であった。香港に到着した福沢は、「香港の土人は風俗極《きわめ》て卑陋《ひろう》、全く英人に使役せらるるのみ。或は英人と共に店を開き商売するものあれども、此輩は多くは上海広東より来れるものにて、元と本港の土人にあらず」[福沢、一九七一、九頁]と記した。香港の現地人を蔑視しながらも、上海や広東の出身者の商才を認めているのである。香港の次に寄港したシンガポールでも、「新嘉坡《シンガポール》も全く英国の政治に服従すと雖《いえ》ども、土人の勇悍《ゆうかん》にして才力あるは、支那人の右に出ず」〔福沢、一九七一、一一頁〕との評価を行っている。シンガポールで音吉から太平天国についての話を聞いたとき、「長髪の族」（太平天国軍）は「固《もと》より烏合の衆にして、用兵の法を知るものなし」〔福沢、一九七一、一二頁〕と、彼らの能力を全く認めなかった福沢ではあるが、アジアの人々を見る眼が蔑視一辺倒とはいえないニュアンスを含んでいたことに注意すべきであろう。

シンガポールを出た船は、セイロンのトリンコマリーおよびゴールに立ち寄るが、セイロンの人々についての福沢の感想は、気候も人物もシンガポールと全く同じであるという、素っ気ない、しかも正確とはいえないもの（セイロンには中国人はほとんどいなかった）にとどまった〔福沢、一九七一、一三頁〕。その後、インド洋上の長い航海を経てアデンに着いた福沢は、「土人の習俗印度人と大同小異」であるとのみ記している〔福沢、一九七一、一四頁〕。

図 10　福沢諭吉

紅海を通ってスエズに到着した福沢は、前述したように初めて汽車に乗って驚きを覚えながらカイロに至った。彼はそこで次のように現地人の状況を描いている。「貧人多く市街繁盛ならず。人物頑陋《がんろう》怠惰、生業を勉めず。法律も亦《また》極て厳酷《げんこく》なり。〔中略〕土人皆兵卒たるを悪《にく》み、百方之を避け、或は自から眼を傷《やぶ》り指を断《たち》て官責を遁《のが》るるものありと云」〔福沢、一九七一、一六頁〕。中東研究者酒井啓子は、福沢のこうした見方に着目して、「エジプト社会を貧困、不潔として嫌い、その「後進性」を「怠惰」な国民性、「厳格」なイスラーム法システムに起因する、と切り捨てる。中東諸国と「同じ側」には決して立たない、徹底した蔑視目線である」と厳しい評価を下した〔酒井、二〇一三、三八頁〕。福沢がここではもっぱら蔑視の視線を現地人に注いでいることは確かであろう。

近年、思想史家安川寿之輔は、福沢の思想を全面的に批判する作業を行うなかで、福沢が一貫してアジア蔑視思想を抱いていたことを強調している〔安川、二〇〇〇〕。その見方は基本的に当たっていると思われるが、それが当時の旅行者に一般的な考え方であったことと、「西航記」に見る限りでは、前述したようにひたすら蔑視に徹したわけではなかったことは、指摘しておく必要があろう。ちなみに、明治維新直後一八六九年に福沢が著した『掌中万国一覧』には、「蛮野文明の別」という節がある。そこで福沢は、人類を下等な側から、「渾沌の民」「蛮野の民」「未開の民」「開化文明の民」に分け、アラビアやアフリカ北方の「土人」を「蛮野の民」に、中国、トルコ、ペルシアの人々を「未開の民」に分類したのである〔福沢、一九六九、四六三―四六四頁〕。

ヨーロッパ往復の道でイギリス人に使役されるアジアの人々を眼にしながら福沢が思ったことは、日本がその轍を踏むことなく、強国になっていくことの必要性であった。

それについて福沢は、二〇年後の八二年末に『時事新報』に連載された「東洋の政略果して如何せん」という文章のなかで回想している。少し長くなるが、引用してみよう。

我輩十数年前、毎度外国に往来して欧米諸国在留のとき、動《やや》もすれば彼の国人の待遇厚からざるに不愉快を覚えたること多し。去て船に剳《とう》〔搭〕じて印度海《インドかい》に来り、英国の士人が海岸所轄の地に上陸し、又は支那其他の地方に於ても権勢を専《もっぱ》らにして、土人を御する其情況は傍若無人、殆ど同等の人類に接するものと思われず。当時我輩は此有様を見て独り心に謂《おも》らく、印度支那の人民が斯く英人に窘《くるし》めらるるは苦しきことならんが、英人が威権を擅《ほしいまま》にするは又甚だ愉快なることならんとて、一方を憐むの傍に又一方を羨み、吾れも日本人なり、何れの時か一度は日本の国威を燿《かがや》かして、印度支那の土人等を御すること英人に倣《なら》うのみならず、其英人をも窘めて東洋の権《けん》柄《ぺい》を我一手に握らんものをと、壮年血気の時節、窃《ひそか》に心に約して今尚忘るること能わず〔福沢、一九七〇b、四三六―四三七頁〕。

福沢のこの議論は、これまでも取りあげられてきた。たとえば松永昌三は、福沢が、引用部分の「当時」より前の部分におけるヨーロッパ人への批判的言辞から一転して、そうしたヨーロッパ（イギリス）をうらやむ感情を吐露し、イギリスにならうだけでなく、東洋でイギリスを凌駕する国に日本をしていきたいと思った、と回想していることに注目した〔松永、二〇〇一、一三五頁〕。そして福沢は、日本の強国化、支配国化への決意を述べ、「亜細亜の東辺に一大新英国を出現する、決して難きに非ず」と断じたのである〔福沢、一九七〇b、四三七頁〕。

これがあくまでも回想のなかでの叙述であり、ここにまずあらわれているのが、一八八〇年代の福沢の姿勢であることを忘れてはならない。たとえば同じ年の春、福沢は『時事新報』に「朝鮮の交際を論ず」という文章を寄せ、「日本は強大にして朝鮮は小弱なり。日本は既に文明に進《すすみ》て、朝鮮は尚未開なり」と論じている〔福沢、一九七〇a、二八頁〕。論議を呼ぶ「脱亜論」発表の三年前のことである。六〇年代に帝国航路を航海した際にどれほど具体的にこうした決意を固めたかは実際のところわからない。とはいえ、この経験が福沢にとって大きな意味をもったことは確かであろう。
そして、アジアに「一大新英国を出現する」という姿勢が、福沢独自のものであったわけではなかったことも強調しておきたい。

「東方でのヨーロッパ」志向

福沢と同じ文久使節団の一員であった柴田剛中は、香港で、「港岬に一宇の屋〔一軒の家〕あり、傾頽《けいたい》〔傾き崩れること〕して住めるものなし。是《これ》昔年英より支那に乞て僅に一区の地を借り、一宇を建て、以て香港全地を掠奪し得るの基礎となす所の屋也とて、近く我が対州地〔対馬〕に仏国より一宇屋を設くるはけだし轍を同うするにあるやあらずや、可戒《いましむべし》」と日記に記した〔柴田、一八六二、君塚進氏の読解による〕。また同じく文久使節団の益頭《ましず》駿次郎は、やはり香港において、「清国と英国との戦争の後全く英国に属し、土人清人は英夷に附し、清朝の政廷を不聞《きかず》英政を聴くこと凡《およそ》二十年と云。是に清官吏一両輩〔一、二人〕是港に留り、併《しか》し其権英夷に奪《うばわ》れ木偶《でく》人の如しと云」〔益頭、一九八七、一二八頁〕と描写した。イギリス領になってまだ二〇年しかたっていない香港の状態を見て、彼らは日本がその轍を踏まないようにとの思いを強く抱いたのである。

多くの旅行者は、そのような運命に陥った地域と日本とは異なるとも考えた。やはり文久使節団の一員市川渡が、香港において、中国人がイギリス人にていよく使われる身になっているのは自業自得である、と述べたことについては先述したが、その市川は、エジプトのアレクサンドリアにおいても、昔は全盛をきわめていたその地は、人々がいたって愚陋で仕事を怠けていたため、次第に衰退してしまい、残っているのはかつての面影だけだとの感懐を記している〔市川、一九九二、五八頁〕。往時にいかに繁栄していようとも、人々の気風が衰退すれば、他国に屈従せざるをえなくなるという印象をこの旅で強く抱いたのである。また、上海で「世界開化の期に後れ、独《ひとり》其国のみを第一とし、尊大自恣《じし》の風習あり〔中略〕尚旧政に因循し、日に貧弱に陥るやと思わる」〔渋沢青淵記念財団竜門社編、一九五五、四六五頁〕と中国の姿を批判的に描いた渋沢栄一は、アレクサンドリアでも、「文明の進んだ欧州の近くにありながら、遥に開化の遅れているのは、斯くの如き陋風を改めない事も重要なる原因をなしている」と思ったと、後に回想している〔渋沢、一九三七、一四五頁〕。*第I章で説明したように、アレクサンドリアのあるエジプトは、オスマン帝国の一部であったが、ヨーロッパの影響力はすでに圧倒的で、往時の繁栄を意識する旅行者は、強い感懐を抱いたのである。柴田剛中はカイロにおいて、その様相を、開拓以来二千年になるその地では、風俗もかつてはきらびやかだったが、今やヨーロッパ各国の風俗に習わされて、人々も遅鈍に近く見えるようになっている、と表現している〔柴田、一八六二〕。

＊渋沢のアレクサンドリアに関するこの記述は、日記に拠りつつ航海から六〇年後に書かれた自叙伝から引いた。元の日記では「此の港は地中海の要港にて、貿易も繁昌し土地も、富饒にて」という表現などがあるのみで、これにあたる記述はない。

そして多くの旅行者は、日本が中国やエジプトの轍を踏むことなく、ヨーロッパに抗して世界に乗り出していく必要を感じた。そのような志向性を最も端的に表現した例として、一八六六年に、英外交官パークスの助言に基づく幕府の命令でイギリス留学に旅立った川路太郎(寛堂)が、上海と香港の間の船中で記した記録を紹介しておこう。

> 満船中英人は甚だ権威あり。而して給仕の者迄も欧羅巴《ヨーロッパ》人は甚だ尊び能く使令に供するなれど、日本人は一位粗略に扱う。実に残念なり。願わくば政府早く海軍を起し、我邦の飛脚船を製し、吾国の旅客を乗せ、四海に横行せば、旭章の御旗盛んなるべく、邦人の権威も生ずべしと日夜祈る処なり。又退き考うるに、方今御国威の海外に輝き居る事未だ未だし。可驚哉《おどろくべきかな》、彼の支那は如此《かくのごとく》の大国なれど一艘の軍艦を備えず一隊の兵卒なく迂闊《うかつ》訳詞を以て尊び居り、欧人に鄙《いやし》まれ、既に英の飛脚船などに支那人はいかようの大金出すとも第一等の室に入るを許さずという。此度上海の支那領を訪れ見るに其の風俗季世《きせい》〔風俗がすたれること〕の故か、只々乞食様の者のみ多く、人物みな迂愚《うぐ》の容貌を顕わせり。上海城など城壁破壊し、一発の弾丸を以て容易に之を抜くを得べし。依而《よって》考うるに、亜細亜《アジア》洲中の各国、海外に横行すべきものは只独り日本のみ。余思うに二三十年の後、東方の大島一つの欧羅巴《ヨーロッパ》を生ずべしと〔川路、一九五三、一六八―一六九頁〕。

川路はその後インド洋を通ってアデンに寄り、紅海に入ったところでも、紅海の要所要所がイギリス領であることに改めて驚き、アジアの肥沃な地、香港、シンガポール、アデン、さらに紅海の主要な島が皆イギリスの領有するところとなっている一方で、東方の諸国が滅びていっていることに嘆息しつつ、「願わくば皇国早く海軍を起し天下に横行し、皇威を輝かさんことを欲す」と記した〔川路、一九五三、一八一―一八二頁〕。

この時から三〇年の後、一八九〇年代には、日本は確かに東方における「一つのヨーロッパ」としての帝国主義の歩みを始めたわけであり、明治期に入って大蔵省官吏から教育者へと転身〔教え子のなかには、経済学者大内兵衛や国文学者高木市之助がいる）した川路の、帝国航路上でのこの予言は的中することになる。ただし、「二三十年」という期間の予想に根拠があったわけでは当然ない。川路と同じく六六年にやはりイギリスに渡った中井弘は、往路も終わりに近づいた地中海の上で、日本の富強充実を目指しつつも、急な変化には慎重な姿勢を示した。彼は、にわかに日本の人民を西洋の風に導こうと欲すると、人々の気運は一致せず、いたずらに混乱の害を招く、と考えた。ヨーロッパの国々が四海に跋扈《ばっこ》しているとしても、それは数百年の沿革を経たもので、各国の人々が全体となって富強充実に努めた結果であり、突然発展したわけではない、と彼は考えたのである［中井、一九六八、二九〇頁］。しかし、その二年後に明治維新という大きな変革を迎えた日本は、かなり性急な形で強国化の道を模索していくことになる。

コラム……1　帝国航路を漢詩に詠む

幕末から明治初年にかけて帝国航路を旅した人々の多くが、旅情を漢詩に託して表現した。そのうちで最も有名なものは、一八六六年にイギリスに密航した中井弘(桜洲)が、アラビア海から紅海に入り、アフリカ大陸を望見した後に作った詩であろう[中井、一九六八、二八六頁]。

煙鎖亜羅比亜海　　煙は鎖《とざ》す　亜羅比亜《アラビア》海
雲迷阿非利加洲　　雲は迷う　阿非利加《アフリカ》洲
此身遥在青天外　　此身遥かに　青天の外に在り
九万鵬程一葉舟　　九万の鵬程《ほうてい》　一葉の舟

(霧は煙となってアラビア海をとざし、雲はアフリカ大陸の上を迷ったように流れている。この身は日本から遠く離れ青天の外にまで来てしまったが、それは鵬が飛び続けるという九万里の道のりに一隻の小舟でこぎ出してきたようなものである)

今でも詩吟でよくうたわれるこの詩は、日本を遠く離れた海路での旅人の心境を大きなスケールで詠んでいる。その後帝国航路をたどった日本人たちにもこの詩は広く知られていた。たとえば、第一次世界大戦期に地中海に赴いた海軍軍人片岡覚太郎は、アデンを出港した際、あてどもなく甲板を歩き回っているうちに、詩がふと唇から漏れた。そして、「それが僕自身の耳を衝いて鼓膜を振動せしめた時、ハッと我に還った僕は微吟の声が、中井桜洲山人の詩であったことに気がついた」のである[片岡、二〇〇一、六四頁](片岡が引いた詩では此身が客身となっているが、客身というヴァージョンも広く用いられてきた)。

一八八四年にドイツに向かった森鷗外も盛んに漢詩をよんだ。たとえば、香港に寄港している間に二つ詩を作っている。その一つを引いておこう[森、一九七五、七七頁]。

開闢当年事悠々　　開闢《かいきん》当年　事《こと》悠々
滄桑之変喜還愁　　滄桑《そうそう》の変　喜び還《ま》た愁う

誰図莽草荒烟地　誰か図らん　莽草荒烟《もうそうこうえん》の地
附与英人泊万船　英人に附与して　万船を泊せしめんと

（アヘン戦争が引き起こされたのははるか昔のことになってしまった。この地では桑の田が大海に変わるに等しい激変が生じたが、それは喜ばしいようでもあり愁うべきことでもある。草が生い茂り人気のなかった地が、イギリス人に与えられて多くの船が停泊するようになるだろうと、一体誰が予想しただろうか）

香港がイギリスの領土になってから、鷗外が訪れるまで半世紀、その間の香港の変容を活写した詩である。

また本書で強調しているアジアの人々への蔑視観を露わに表現した詩もある。一八七二年に成島柳北がシンガポールで詠んだ詩の結句に第Ⅲ章で触れているが、その詩の全文を紹介しておこう［成島、二〇〇九、二六三頁］。

幾個蛮奴聚港頭　幾個の蛮奴　港頭に聚《あつま》り
排陳土産語啾々　土産を排《なら》べ陳《つら》ねて　語ること啾々《しゅうしゅう》たり
巻毛黒面脚皆赤　巻毛　黒面　脚皆赤し
笑殺売猴人似猴　笑殺《しょうさつ》す　猴《さる》を売る人猴に似たるを

（何人もの野蛮な現地人が港に集まっている。土産物をならべてしゃべっている様は、鳥か虫が鳴いているようだ。髪は巻毛で黒い顔をし、脚は皆赤みがかった色をしている。大笑いしてしまうのは、猿を売っている人間が猿そっくりなことだ）

この詩は、旅先での感覚を研ぎ澄ませて詩にまとめ上げる時、旅人の意識がきわめて明確に表現されることのよい例であるといってよいであろう。

第Ⅲ章

明治国家建設をめざして——一八七〇～八〇年代

一　帝国世界形成期の旅

帝国世界形成期の世界

明治維新で日本が新たな道を歩みだした頃、世界の様相は大きな変化を見せはじめた。いわゆる「帝国主義の時代」の到来であり、筆者のいう「長い二〇世紀」がここに始まった［木畑、二〇一四］。一八七〇年代から八〇年代にかけて、それまで植民地を保有していなかったベルギーやドイツなどが領土獲得に乗り出し、イギリスやフランスなどの帝国拡大も加速化した。世界のさまざまな地域で植民地獲得競争が展開したのである。

その競争がまず激化したのは、アフリカ大陸であった。一九世紀前半までの時期にもヨーロッパ諸国はアフリカに関心を抱いており、とくに西アフリカはアメリカ大陸・カリブ海地域への黒人奴隷供給地として重視されていたが、ヨーロッパ勢力の影響力が及ぶのは沿岸部に限られていた。ところが、一九世紀後半になるとヨーロッパ諸国の関心は大陸の内陸部にもひろがり、アフリカ分割をめぐる争いが生じた。ドイツ宰相ビスマルクの主導のもと、一八八四年から八五年にかけて開かれたベルリン会議では、「ある地域を最初に領有した国が、それを他国に通告することで、その地域に対する領有権を認められる」というアフリカ分割の原則が定められた。この合意がそのまま実施されたわけではないが、こうした原則が作られたということは、植民地領有を当然のこととする時代の風潮をよく物語っていた。

植民地獲得競争は、アフリカ大陸とほぼ同時に太平洋海域でも繰り広げられ、少し遅れてアジアでも活発化していった。その結果、世界は植民地支配をするいくつもの帝国によって分割され、支配する側と支配される側とに大きく分かれるという様相を呈するに至った。このような世界のことを帝国主義世界体制(以下、帝国世界)と呼ぶ。帝国世界が完成するのは次章で扱う一九世紀から二〇世紀への世紀転換期であり、そこではほかならぬ日本が大きな役割を演ずることになる。本章が対象とする一八七〇年代、八〇年代は、帝国世界の形成期であった。

帝国世界の形成は、ヨーロッパ諸国の経済力、軍事力の強さによるところが大きかったが、それを支えていたのが、ヨーロッパが体現している「文明」が「野蛮」な人々に対する支配を正当化するという考え方であった。文明をになうヨーロッパが遅れた植民地を支配するのは当然であるというこの考え方(「帝国意識」と呼ぶことができる心性)は、支配される側においても広く受け入れられていた。

近代国家日本の模索

明治維新後の日本は、そのような世界のなかで近代国家としての姿を模索していった。それに際して、ヨーロッパ諸国の政治、経済、社会のあり方は、日本が参考にすべきモデルとしての意味をもち、明治政府はさまざまな形でヨーロッパの事物や制度の導入に努めた。それが文明国家への仲間入りを保証すると考えたのである。

諸分野の専門家を日本に招いて直接指導をしてもらうお雇い外国人の制度は、すでに幕末期からみられたが、彼らの数は明治時代に入って急増し、ピークとなった一八七四年には八五八人に達した。そのなかでは、イギリス人(といってもスコットランド人が多かった)が半数以上を占め、フランス人がそれにつづいた。

一方、日本からヨーロッパあるいは米国に赴いて西洋文明を現地で吸収しようとする人々も目立ち始めた。海外渡航者の数は明治期に入ると増大したのである。一八六八年(明治元年)から八一年(明治一四年)の間の累計が一万五一一六人(年平均約七〇〇人)であった海外渡航のための旅券発行数は、八二年には一二七四人、八五年には三四六一人、八八年には六五五二人へと増加していった[丑木、一九九五、表1]。とはいえ、後の時代に比べると旅行者の数はまだまだ限られていた。そして彼らの多くが、明治国家建設の参考とするために訪問地の文物や制度を調べ学ぶという意図をもった人々であった。その最も典型的な例が、七一年から七三年にかけて欧米諸国を巡歴した岩倉使節団である。岩倉具視が率いて、木戸孝允や大久保利通、伊藤博文など明治維新の立役者たちを団員としたこの使節団は、まず米国に渡った後、大西洋を越えてイギリス各地を観察し、さらにヨーロッパ大陸でフランス、ドイツ、ロシアなど一〇カ国を訪問した。訪れる先々で見聞したことがらについての詳細な記録は、後に歴史家として名を成す久米邦武の執筆編纂にかかる『米欧回覧実記』として、今なお広く読まれている。この使節団の場合は、ヨーロッパからの帰路に帝国航路をたどったわけである。それについての『米欧回覧実記』の記述については、すぐ後で論じることにしたい。

岩倉使節団は、欧米の文物全般についての視察を目的とした。そのため、たとえばイギリスにおいて彼らが見学した対象は、博物館、学校、造船所、軍港、動物園、国会議事堂、造幣場、郵便局、各種工場、刑務所、裁判所、商品取引所など、多岐にわたった。一方、それぞれの専門分野についての視察に目的を絞ってヨーロッパに赴く人々も多かった。そうした人々の場合、ヨーロッパでの視察の準備作業として、寄港地でも関連する事物の観察に力を入れた。たとえば、警察事情を学ぶために七九年に渡欧した川路利良大警視は、香港で警察署や刑務所の視察を行った。川路一行の一員佐和正は、シンガポールで巡査の生態に着目し、彼らが裸足で立っていたり店に座りこんでおしゃべりをしたりする様子を批判的に記している［佐和、一八八四、八丁裏］。また軍事状況視察を目的として八四年に渡欧した陸軍卿大山巌は、香港で歩兵の兵営を訪れた。それについては随員野津道貫によるきわめて丁寧な観察記録が残されている［野津、一九八七、四二―五一頁］。八六年に渡欧した元陸軍中将で当時農商務大臣の谷干城《たてき》も、香港で兵営や砲台を見物している［谷、一九一二、四四五―四四七頁］。八四年に帝国航路をたどった森鷗外が、医学者として香港の病院を詳しく観察し、病兵が皆インド兵であること、熱症が多く花柳病（性病）の感染者はいないこと、看護室に入ると服装が鮮やかで美しいこと、等々の感想を記していることも、一例としてあげることができよう［森、一九七五、七七頁］。

明治前半期に明確な課題意識をもって旅に出てそれを記録した人々の一人に、依光方成という人物がいる。彼は帝国航路でヨーロッパに赴いたわけではなく、一八八五年、まず香港に着いてから福州、天津、上海と中国沿岸を転々とした後、再び香港に戻り、そこからサイゴン、バンコック、ボルネオ、ラングーン、シンガポールに渡り、さらにセイロンを経て喜望峰回りで米国に渡り、ニューヨークで半年ほど過ごした後、ベルギー、フランス、イギリスを訪れ、もう一度米国に戻ってから帰国するという旅をしている。この依光が面白いのは、旅の動機が、外国の下層社会について日本に知らせるためであったという点である。外国で下層の人々の状況を見て、それを日本の現況と比べることによって、「聊《いささ》か我が国民浮華の熱情を和らげ、我が社会の耳目を覚洗」することを目指した彼は、乗った船で働きながら旅していった。中国においても東南アジア各地においても、下層の人々は人民の権利が何であるかを分かっていないという結論に達した依光は、米国に渡って初めて下層の人民が男女共に政治思想をもっていると感じるに至った。その違いを生んだ要因を彼は教育に求めている〔依光、一九八七、三二、一三一―一三三頁〕。この依光のようにいわば下からの視点を抱いて旅に出かけた人間はこの時期には例外的であり、ほとんどの旅行者は日本のエリートたろうとする意識を抱いて海外に踏み出した。そうした人々が帝国航路で、ヨーロッパによる植民地支配をどのように感じたかという点について、岩倉使節団に関わった二人の人物、久米邦武と中江兆民に即して、まず検討してみたい。

二　ヨーロッパ文明と植民地支配――久米邦武と中江兆民

久米邦武の場合

前述したように岩倉使節団はヨーロッパへの往路を米国経由とし、帝国航路をたどったのは日本への帰路であった。つまり、先にヨーロッパを観察した後にヨーロッパの支配地域を訪れたのである。最初に取り上げるのは、久米邦武である。形の上では久米は『米欧回覧実記』(以下『実記』)の編纂者であるが、これまでの『実記』の研究同様、ここでは『実記』での見解を久米のものとして扱うこ

図 11　山口蓬春「岩倉大使欧米派遣」
（聖徳記念絵画館蔵）

とにする。

『実記』でのヨーロッパからの帰路についての叙述は、それまでの欧米諸国での記録に比べると簡潔だが、それでもかなりの密度をもってなされている。『実記』についての研究は積み重ねられてきており、この帰路での久米の議論に関しても、使節団研究の第一人者田中彰などによって、周到な分析がすでに行われている〔田中・高田編、一九九三、三九―四二頁〕。したがって屋上屋を架すきらいがあるが、彼の議論は改めて取り上げてみる意味がある。

まず指摘すべきは、ヨーロッパ文明に接してきた久米にとって、列強が植民地を広げていくことは当然と考えられたという点である。紅海を出ようとするあたりの洋上で久米は、イギリスがインドやオーストラリアを宝庫としていることに思いを馳せ、国民の気力が盛んでなければ、こうした強大な力をふるうことはできず、国の盛衰は技術や財貨よりも人民の気力に関係すると考えた。そのすぐ後でアデンの状況をみた彼は、その考えを改めて確認し、次のように論じた。

> 欧洲の各国は、今文明富強を競い、〔中略〕終年屹屹《きつきつ》として、工業を操作し、日の力を尽して已《や》む。然るに熱帯の地方にては、其家家の生計たる、衣服の寒に備うるを要せず、家屋の風雨を防ぐに

切ならず。〔中略〕然れば、智能を労し、艱険《かんけん》に耐て、事業を起す志も、何を拠として、発生すべき〔中略〕。国の貧富は、土の肥瘠にあらず、民の衆寡にもあらず、又其資性の智愚にもあらず、惟《ただ》其土の風俗、よく生理に勤勉する力の、強弱いかんにあるのみ〔中略〕。欧洲より、亜細亜《アジア》の地に回航して、其土民の状をみれば、此に感慨すること少なからず〔久米編、一九八二、二七四―二七五頁（強調原文）〕。

またセイロンのゴールでは、一年中果実に恵まれている環境のもとで、生活の容易さのために人民は皆遊惰であり、ただ照り輝く太陽の下で寝起きして、無駄に生きながらえて生活の苦しさを知らない、と観測した。彼らは、気楽な暮らしのなかで子どもの教育をすることもなく、子どもを放って客に金銭をせびらせるようになっているというのである〔久米編、一九八二、二八八頁〕。

気候、風土条件による決定論と呼ぶことができるこうした議論をもって、久米はヨーロッパによる支配を説明したのである。彼が見たセイロンの人々は、「純然たる太古の民」に等しく、挙動に礼節を備えているものの、「粋励《すいれい》の気に乏し」くて、「才識進みたるもの」がいない存在であった〔久米編、一九八二、二九二頁〕。

インド洋を横切ってスマトラ付近まできたところで、久米は植民地に対するヨーロッパ各国の姿勢の比較を行っている。彼によると、スペインなど植民地支配において先行した国々が、その利益を追求するに際して「土人」を暴慢残酷に扱って、植民地からの反発をかい、せっかく得た利益を失うことがあったため、イギリスはその轍を踏むことを避け、寛容を旨として、まず教育を行い、人々が安心して生活できるようにゆったりとした方策をとった。それによって、イギリスの植民地支配は盛大な状態に至ったのである。植民地に対するこうした姿勢は、当時もそのまま残っており、「欧洲航客の状を目撃するに、英人の夷人に遇する、頗《すこぶ》る親和を覚う、西〔スペイン〕、葡〔ポルトガル〕、及び蘭〔オランダ〕の人は、概して暴慢」であった〔久米編、一九八二、三〇七頁〕。

久米は、さらにアジアの植民地にやってきて実際に活動しているヨーロッパ人について興味深い議論を行っている。アジアで利を求めようとしている人々は、たいていの場合ヨーロッパ本国での無頼の徒であり、故郷にいられなかったり罪を犯したりして他人とつきあえなくなった結果、外国に出ている人々であるとして、彼は以下のように述べているのである。

> 東南洋に生産を求めるものは、大抵文明国より棄てられたる民なり。其同《おなじ》く白皙《はくせき》にて紅毛なるを以て、之を文明の民と思えば、時ありて差謬《さびゅう》する〔誤る〕甚だし。此等の民、争うて属地に至りて、其土人を凌侮《りょうぶ》す。土人の無知なるも、殆ど堪えざるものあらん。殊に西葡《スペイン・ポルトガル》の如きは、其民俗未だ全く文明寛大の風に浸漬《しんし》せざれば、猾徒《かっと》〔悪賢い連中〕も従て多し。蘭人に至りては、本国にありては、勤倹順良の民たり。而て其東南洋に向えば、猶暴侮の挙動をみる、欧洲の文明に矜《ほこ》り、一視同仁の論を唱うるも、亦未だ言うべくして行《おこなう》べからざるをみる〔久米編、一九八二、三〇八頁〕。

このように、スペイン、ポルトガル、オランダを例に引きながら、久米は、植民地にきているヨーロッパ人を厳しく批判する。ここで一つ注意すべきは、イギリスやフランスがあげられていないことであろう。またより重要なのは、このようにヨーロッパの外に出てきている人々への批判が、ヨーロッパ文明そのものについての評価とは切り離されていることである。アジアに来ている人々はあくまでもヨーロッパ文明からはじき出された人々にほかならなかった。したがって、アジアに来ている人々を見てヨーロッパ文明を判断してはならず、文明国たろうとする日本においても、ヨーロッパへの渡航者はまず品行に注意すべきであると、彼は考えたのである。

植民地支配の恩恵に浴すべくヨーロッパからアジアに出てきている人々の多くが、ヨーロッパ文明からはじき出された存在であるという見方が、久米に独自のものではなかった点にも、注意しておく必要があろう。たとえば、一八六六年に幕府によるイギリス派遣留学生に取締りとして同行した経験をもち、明治に入ってサミュエル・スマイルズの『セルフ・ヘルプ』を『西国立志編』として翻訳刊行(一八七一年)して一躍名をあげた中村正直は、中井桜洲の『漫游記程』(一八七八年)に寄せた序のなかで、イギリス人には、ヨーロッパのイギリス人とアジアのイギリス人との二種類あると論じている。開国以来日本人が見てきて、しばしば物議をかもしているのはアジアのイギリス人であり、彼らは、勉学に励み神を敬うヨーロッパのイギリス人とは異なる、というのである。中村によると、それはイギリスのバラの花をアジアに移植すると香りがなくなるのと同じようなものであった〔桜洲山人、一九六八、三〇二頁〕。また八二年から八三年にかけて訪欧した板垣退助も、アジアに来て東洋人を虐待しているヨーロッパの人々の多くは、その本国において仕事をすることができなかったり、あくなき私欲にかられたりした人々であり、そうした人間が東洋に出没してもっぱら私利をむさぼっているため、正しい道理や公正な道は全く失われている、と論じた〔自由党史編纂局編、一九五八、三二二頁〕。中村正直の指摘に着目した松沢弘陽は、「この時代の英国の二つの顔の、赤裸な力と富の追求という方をアジアの植民地や開港場の英国人だけのこととし、そして、本国については、もっぱら黄金時代の自由主義という明るい方を見るという形で、切り離したといえよう。本国の、つまりは〈真の〉英国のイメージはそれだけ明るく、そして安定したものになるだろう」〔松沢、一九九三、二三八頁〕と評しているが、この評はそのまま久米にも板垣にもあてはまる。

結局のところ久米邦武にとって、ヨーロッパによるアジアの支配は当然の事態だったのであり、帝国航路での植民地支配の観察も、ヨーロッパ文明やヨーロッパの国々のあり方に対して懐疑を抱かせる要因とはならなかったのである。

中江兆民の場合

それに対し中江兆民は、寄港した植民地で観察したヨーロッパ人の生態についての批判的な眼を、ヨーロッパの国々のあり方への疑問に結びつけていった。

長崎さらに東京でフランス語を学んでいた土佐藩出身の中江篤介（後に兆民と号すことになる）は、それまで面識のなかった薩摩藩出身の大蔵卿大久保利通に頼みこみ、フランスへの留学生として岩倉使節団に加わり、米国を経てフランスへと渡った。使節団の帰国後もヨーロッパに残った中江は、パリとリヨンで留学生活を送り、一八七四年四月にフランスを発ち帝国航路をたどって日本への帰途についた。岩倉使節団の本隊である久米邦武たちが諸国を巡遊したうえで帰国してから約九カ月後のことである。

この帰路での旅について、中江は、八年後の八二年八月に『自由新聞』（第一次）に三回にわたって掲載した「論外交」という記事のなかで触れている。少し長くなるが引用してみたい。

己れの強盛を恃《たの》みて人の微弱なるを軽賤し、己れの文物に誇りて他国の鄙野《ひや》を侮辱するの悪弊は、由りて来ること已に久きを以て、一朝に除去せんと欲するも、実に為し易らざる者有り。〔中略〕吾儕《わなみ》〔私は〕嘗《かつ》て印度海《インドかい》に航して、ポルトサイド、セイゴン等の諸港に碇泊し、岸に上りて街衢《がいく》に逍遥せしに、英法〔イギリスとフランス〕諸国の氓《たみ》、此土に来るもの意気傲然として絶えて顧慮する所無く、其土耳古《トルコ》人若《も》しくは印度人を待つの無礼なること、曽て犬豚にも之れ如かず、一事心に愜《かな》わざること有れば、杖を揮うて之を打ち、若《も》しくは足を挙げ一蹴して過ぎ視る者恬《てん》として〔平気な様子で〕之を怪まず。顧《おも》うに土耳古印度の人民の如き、其頑陋鄙屈《がんろうひくつ》にして丈夫の気象に乏《とぼし》く、自ら此侮辱を取ると雖も、抑々《そもそも》欧洲人の自ら文明と称して而して此行有るは、之を何と謂わん哉。〔中略〕土耳古印度の人民も亦人なり。我れの文物制度果して豊備整斉にして人世の美を為すに足る乎《か》。世の蒙昧の民を見るときは、宜《よろし》く循々然として〔おだやかに〕之を導いて、徐々に夫の文物制度の美を味わわしむ可し。此れ固《もと》より天の先進の国民に命ずる所の職分なり。是に慮《おもんぱか》らずして、遽《にわか》に己れの開化に矜伐《きょうばつ》〔誇りにおもうこと〕して他邦を凌蔑《りょうべつ》〔あなどって軽蔑すること〕するが如きは、豈《あに》真の開化の民と称す可《べ》けん哉〔中江、一九七四、二三九頁〕。

ここには、アジアで支配力をふるっているイギリスやフランスに対する激しい批判の言葉が綴られている。一方ではトルコやインドの人々の気骨のなさを指摘しながら、それよりもはるかに激しく、自らの強盛と開化にことよせてアジアの人々を軽蔑し乱暴に支配している英仏の姿勢を糾弾しているのである。

中江はこの「論外交」において、富国と強兵は互いに矛盾していて、富国を重視すれば多くの兵をもつことはできず、逆に兵力を重視すれば殖財をすることができないとした。そしてヨーロッパ列強が軍事強化をしているのは、国家間の外交の道を会得していないためであると喝破する。普通の人々が行えば盗賊だとされるようなことを、ヨーロッパ列強は互いに競争して兵力を増強しつつ行っているのであり、それがアジアにおけるヨーロッパ人のこのような態度にあらわれている、と彼は見たのである。そして中江は、国としてめざすべきは、イギリス、フランス、ドイツ、ロシアなどヨーロッパ列強の振る舞いではなく、信義を堅守して独立を保ち、隣国が乱れても軍事的干渉を行ったりせず、弱小な相手を愛してその進歩を助けるような国の姿勢である、とする。具体的には、小国としてはスイス、ベルギー、オランダがそうした国であり、大国としては北米連邦(米国)がそうであると論じたのである[中江、一九七四、二四〇頁]。

中江はヨーロッパ文明それ自体を否定したわけではないが、その文明を担うはずのヨーロッパ列強の具体的なあり方を強く批判した。ただし、中江が倣うべき国としてあげている諸国のうち、オランダはすでに長くアジアで植民地(オランダ領東インド)を支配していたし、ベルギーでは国王レオポルド二世が先頭に立って植民地支配国の仲間入りをするべく当時すでに積極的に動いていたことを考えると、中江の具体的なモデル論は危ういものがある。ちなみにこれと全く同じ議論は、この五年後に書かれた彼の代表作『三酔人経綸問答』にも、洋学紳士の言葉として盛り込まれることになった。

円熟期の中江の思想を示すこうした考えが、その八年前に帝国航路をたどった時に彼のなかでどれほどはっきりとした形をとっていたかは定かでない。しかし、航路体験が中江の思想形成にとって少なからぬ意味をもったことは確かであろう。飛鳥井雅道は、「論外交」での回顧に触れつつ、この旅について「〔フランスで〕兆民は民権の基礎・ルソーを学ぶと同時に、帰途ではヨーロッパ諸国のアジア侵略の実態、すなわち国権論の前提をも自分の体験として学んできた」と述べた〔飛鳥井、一九九九、一六三頁〕。また松永昌三は、「その帰国の途次、兆民は、この〝文明〟の、いまひとつの像を実見したのである。〔中略〕兆民は、人間同等の確信のうえに立って、ヨーロッパ諸国の〝文明〟の名によるアジア侵略をはげしく非難した。ここには、ヨーロッパの近代文明の理念で、その文明の現実を批判する視点があるが、その視底には厳然としたアジア人の眼があった。東洋の若き理学者兆民には、ヨーロッパ的自由の限界の克服とアジア人民の自由の恢復が同時的課題として、切実に意識されたにちがいない。かくして兆民にとって、帰国の旅は、〝東洋のルソー〟への船出でもあったのである」と断じている〔松永、一九七四、四一九―四二〇頁（強調原文）〕。帝国航路での体験からヨーロッパを振り返る中江の視線は、久米邦武のそれと大きく異なったのである。

三　優勝劣敗の世界像

野蛮なアジア

中江兆民が、トルコやインドの人民は、頑陋でしっかりした気象が乏しいためにこうした侮辱を自ら招いたとしつつ、彼らもまた人であると論じたことは、今紹介した。彼は、支配する立場にあるヨーロッパの人々が、アジアの人々を野蛮な、人間として自分たちとは同列ではない存在であるとして軽蔑の眼で見ていることを、明確に批判したのである。この議論は『三酔人経綸問答』では、「精神と身体と有る者は皆人なり。孰《いず》れを欧羅巴《ヨーロッパ》人と為し、孰れを亜細亜《アジア》人と為さん」という洋学紳士の言葉となってあらわれる〔中江、一九六五、一四五頁〕。「論外交」からの先の引用にある「蒙昧の民」という表現にみられるように、中江もアジアの人々との完全な平等意識をもっていたわけではなかったが、彼らを野蛮視することはなかった。しかしこうした姿勢は例外的であり、アジアの人々を野蛮と見る目は、帝国航路を旅した日本人の間で一般的であった。

前章で指摘した、不潔観と強く結びついた野蛮論は牢固として存在していた。久米邦武もサイゴンに寄ったとき、人々がアヒルや豚と一緒に暮らしているとして、中国人が不潔を厭わないのは怪しむべきほどであるとの感想を抱いた。そして、かつてヨーロッパ人が長崎に来て日本は清潔だといったことに言及し、自分は長崎がそれほど清潔と思っていなかったため、西洋も不潔なのかと思っていたが、こうした不潔な中国人と日本人が対比されていたことが今にして分かる、と記した。久米は香港の市街は清潔であるとの感想を記したが、それはあくまでもイギリスの力によるものと考えた。また上海の中国人街については、清掃が不十分で、塵やほこりがひさしを埋めており、たまり水が腐敗して悪臭を生んでいると観察し、中国人の不潔さは、常にこうしたものであると慨嘆したのである〔久米編、一九八二、三一六、三二五、三三三頁〕。

久米のこのような見方は他の多くの旅行者と共通していた。久米が清潔という感想を抱いた香港についても、何人もの旅行者が不潔さを強調している。一八七二年に東本願寺の大谷光瑩《こうえい》のヨーロッパ留学に随行した文筆家成島柳北は、中国人の家の屋根の上に便所があることを特記して中国人の不潔さを強調した〔成島、二〇〇九、二五七頁〕。また七九年にヨーロッパの警察事情視察にでかけた佐和正にとって、香港の港で船に群がってくる中国人は、汚物にたかるハエに等しく、嫌悪すべき対象以外の何物でもなかった〔佐和、一八八四、四丁表〕。八二年に駐イタリア大使のポストに赴任するために帝国航路を通った浅野長勲《ながこと》にとって、香港の「土人」は、「野蛮不潔」であり、彼らが裸で店頭に座っている様子はまるで豚や犬と同じ存在であった〔浅野、一八八四、七頁〕。八四年には、同志社の創設者新島襄が、香港でアヘン窟をのぞく好奇心をみせ、人々が政府に不満を抱いているという観察を行う一方で、中国人は「あんなに汚なくて、しかもあんなにケチであるとは驚き入る。彼らは東洋のユダヤ人である」と述べている〔新島、一九八五、二六九―二七一頁〕。このような観察者にとって、不潔で野蛮な中国人がヨーロッパの影響の下に置かれていることは、全く不思議でなかった。佐和によれば、「東洋人民の常に西客の侮慢《ぶまん》を来す者、此賤悪《せんお》すべきの俗あるに職由《しょくゆう》〔由来〕せずんばあらず」と考えられたのである〔佐和、一八八四、四丁表〕。

不潔、野蛮という印象は、上述した佐和や浅野にみられるように、人間以外の動物との同一視をしばしば伴った。成島柳北はシンガポールで、港で水中に投げ込まれた小銭を潜って拾う人々（明治期の旅行者は彼らについてほぼ常にといってよいほど記録している）を見て、蛙に似ていると形容した。そして港に来てオウムや猿などの動物を売りつけようとしている現地人について漢詩を一つ作ったが、その結句は「笑殺《しょうさつ》す　猴《さる》を売る人猴に似たるを」というものであった（コラム1参照）。ハエであれ、豚や犬であれ、猿であれ、香港やシンガポールの人々を描くにあたって用いられた表現には、アジアの人々を野蛮視し蔑視する日本人旅行者の姿勢が示されていた。成島はさらにセイロンのゴールでは、「土人」が狡猾で恥を知らないと断じ、物売りに来る人々のことを「ぶんぶんいってうるさい蚊」になぞらえたのである〔成島、二〇〇九、二六二―二六三、二六七頁〕。

一八八〇年から八四年にかけてヨーロッパに滞在した法律家山下雄太郎は、ロンドンの貧民の状態や貧民救済の問題に関心を寄せた人物であったが、往路シンガポールに寄港した際、清潔な洋風の家屋に対して「土人」の家は見苦しい茅屋であるとしつつ、とりわけ婦人の醜状は見るにたえない、と記した。そしてアデンでは、次のような感懐を抱くに至る。「当地の土人は香港以西にて目撃したるものの中最下等に位せり。其身体の色は漆黒にして、其頭髪は淡黄なり。而して水に在ては水猴《すいこう》〔水のなかにいて獲物を水に引き込む猿のような姿をした伝説上の生き物〕の如く、陸上にては裸足炎々たる砂原を奔走し、其状態地理書に載せたる野蛮人の真物たるに愧《は》じず」〔山下、一九八七、二〇八、二一一頁〕。

支配されるアジア

多くの旅行者は、アジアの人々がヨーロッパ列強の支配下に置かれて意のままになっているのは、このような彼らの状態からしていわば当然のことであると考えた。

一八八二年から八三年にかけてヨーロッパを訪れた板垣退助は、帰国後の八三年夏に行った講演で、香港について次のように述べた。

支那人の状態を見るに、英国の為めに我土地を略取せられたるをも恬《てん》として顧みず、〔中略〕而《しこう》して欧人が其支那人を虐待するの状態を見るに実に怪まざるを得ざるものあり。〔中略〕〔欧人は貴族の特権を破却したはずであるのに〕猶《な》お此の状態を移して其の支那人を虐待するは、右に之を忌んで左に之を施すものと云わざるを得ず。既に人権の平均を為したる国民にして、亜細亜《アジア》地方に向て殊に其の貴族の如き特権を有するに至りたるは何に事ぞや。言を更《か》えて之を言えば、欧州諸国は一般に貴族の地位を占有し、其奴隷の位地は亜細亜人民に向て投与したるが如き看《かん》なき能《あた》わざるなり〔自由党史編纂局編、一九五八、三二〇頁〕。

人々の間の平等をめざすヨーロッパ内での動きと、ヨーロッパ人のアジア人に対する姿勢との間の大きなギャップを鋭くつきつつ、そのようなヨーロッパとの関係をアジアの人々が甘受していることを、板垣は強調したのである。同じく自由党の政治家で『自由新聞』の主筆であった栗原亮一も、板垣に同行して香港に着いた際、中国人は専制に慣れて政治の精神に乏しく、政治に参加することを望んでいないようであると観察し、彼らが東洋の自由を回復するのは困難である、との印象を記している〔師岡編、一九八七、七八頁〕。

板垣は、シンガポールやセイロンの状況に関しても、人々に会ってみるとおおむね卑屈であって、自ら奴隷の領分に安んじており、たまたま気骨ある人物がいたとしても、到底この状態を挽回する力はもっていないという感想を抱いた〔自由党史編纂局編、一九五八、三二二頁〕。栗原がコロンボで英語を解する現地人に、彼らはイギリスの太守を慕いイギリス人を愛しているかと尋ねてみたところ、「否々吾等土人甚だ之を厭《いと》う。然れども亦《ま》た敵するに力無《ちからな》きを如何せんと」という答えが戻ってきた〔師岡編、一九八七、九九頁〕。

仏教の故地としてかつて繁栄したというイメージを伴うセイロンは、ヨーロッパとアジアの関係についての感慨を旅行者にとくに強く抱かせる地であった。明治維新の直後一八六九年にフランス総領事に随行してパリに留学した前田正名は、後年書いた自叙伝のなかで、フランス船でまず立ち寄ったサイゴンでヨーロッパ文明の規模に驚いたと回想した後、さらに寄港したセイロンで、インドの亡国は偶然ではないと思ったと書いている〔前田、一九七九、九〇頁〕。古代のアジアにおいて文明を担った地であるセイロンがイギリス支配の下に置かれているのは、イギリス文明の力と、その前でなすべもない状態に置かれているセイロンの人々の様子を見ると、当たり前の結果である、と彼は考えたのである。

一八八六年に訪欧した陸軍軍人鳥尾小弥太（訪欧当時は国防会議議員）は、コロンボでの思いを次のように日記に書き留めた。

世の中降行くままに人の徳おとろえて、智を競い利を争い、水火の力を以て神通にかえ、遂《つ》いにかかるめでたき国をも踏あらして、今は尋常の者といえども利の為に命をも抛《なげう》つほどの者にあらざれば、住馴《すみなれ》ぬべくもあらず成にたり〔中略〕されば国土は人の業力によりて移りかわりゆくものなれば、人の徳おとろえ利をのみ争うに至れば、いかなる勝境も忽ち穢土《たちまえど》と変ずべし〔鳥尾、一九八七、五一―五二頁〕。

またその翌年高田善治郎はコロンボで、ヨーロッパ人の家が宏麗でありその庭も見事であるのに対し、現地人は檳榔樹《びんろうじゅ》の樹皮で屋根をふいたみじめな家に住み、イギリス人の奴隷のようになっていると記しつつ、まことに憐れむべきであるが、いわゆる優勝劣敗の勢いの当然の結果であるから、誰をとがめることもできないと、力と文明において優っているヨーロッパ（イギリス）による支配を当然視した〔高田、一九八七、二八六―二八七頁〕。

優勝劣敗という世界像、すなわち「優れた国」の人々が「劣った地域」の人々を支配するのは当然であると植民地支配を正当化する考え方は、帝国主義の時代に広がっていた。その理論的根拠とされた社会ダーウィン主義、社会進化論は、加藤弘之などによって明治一〇年頃から日本に紹介されていたが、そうした理論を意識するにせよしないにせよ、優勝劣敗の見方は、アジアの港に寄港した旅行者たちによってほぼ共通して抱かれていたといってよいであろう。

四　自立する日本の模索

日本の行方

このようにヨーロッパ（イギリス）によるアジア諸地域の支配状況を眼にし、優勝劣敗の世界のただ中にあることを感じるなかで、日本の立場とその行方について想いをめぐらす旅行者たちも少なくなかった。

法律家山下雄太郎は、一八八〇年秋にヨーロッパに着いた後に帝国航路を振り返って抱いた感懐を後に以下のようにまとめているが、そこにはヨーロッパ、アジア、日本の関係についての興味深い洞察が見られる。

我邦を出でて西航し支那及《および》印度洋を経《へ》欧洲に赴くときは、我国風の亜細亜《アジア》諸邦の上位に立つことを看破するは、至て容易のことならん。然れども顧みて亜洲一般の情況を考うるときは、我邦人も亦た此等諸邦人民と相均しきものなきに非らず。彼牛馬に同じき業を執り毫《いささか》も之を慚《は》じと為さざるは、東洋人の風なり。我人力車の如きは人を以《もっ》て牛馬に換うるの所為《しょい》にして、即ち其一例なりと言わざるを得ん哉〔山下、一九八七、二一三―二一四頁〕。

山下は、ヨーロッパの人々は疲弊した馬であっても馬に乗り、自らが牛馬の代わりをすることはないとして、人が牛馬と同じ仕事をする人力車をもつ日本は、アジアの上に立っているようでいて結局は他のアジアと同じではないかと、日本とヨーロッパの間の乖離を嘆いたのである。

では、日本はどのような方向をめざしていくべきか。六九年に航海した前田正名は、サイゴンで乗船してきたフランスのサイゴン総督が彼に向かって、サイゴンはかつて日本の領土だったと語った、と回想している。山田長政が功績によってサイゴンに封じられたというのは誤情報であったが、前田はそれには疑問をさしはさむことなく、将来の日本国民は皆山田長政たるべきである、と思ったという。そしてそれ以来、「益々富国強兵の必要なるを感知し、愈々《いよいよ》これに熱中するに至」ったのである〔前田、一九七九、九〇頁〕。前田は渡欧後、プロイセン－フランス戦争（普仏戦争）下でのパリ籠城という経験を含め、長期にわたって滞仏生活を送った。そして七七年に帰国した後にも、パリ万国博覧会のために再度渡仏して、ヨーロッパの産業事情に通暁する経済官僚となり、八四年には「興業意見」という経済計画を提出するなど、殖産興業をめざした明治期の動きを代表したと目される人物である。改めて指摘するまでもなく、富国強兵の方向こそ、日本がヨーロッパに伍し、アジアの上位に立つための方策であった。あくまで後年の回想ではあるが、その一翼を担った人物がこのような形で帝国航路での体験を語っていることに注意したい。

帝国航路の旅で富国強兵の必要性を感じたのは、板垣退助も同様であった。彼は寄港地での観察の結果として、ヨーロッパとアジアの関係では、人種の別も重要であるものの、最も困難な要因は宗教であると論じ、キリスト教を信じるヨーロッパ人がそれを信じない人間を蔑視している点を強調した。アジアの人々は野蛮であるとみなされることになり、日本もそれと同じ位置を占めることになる。ヨーロッパの人々はトルコから東に行くにつれて野蛮の度合いが増していくと思っているから、日本も野蛮な国の一つであり、条約改正も容易ではない。そのため、ヨーロッパの人々を驚かせるような至善至美の法律を作るか、彼らの肝胆を寒からしめるような規模で海軍を拡張することが必要である、と板垣は考えた[自由党史編纂局編、一九五八、三二二―三二五頁]。

板垣の前年八一年にフランス留学に出かけた陸軍少尉上原勇作は、シンガポールで白人が有色人に対して横暴な態度を示し、有色人の警官が白人の命令でその暴力を手伝っている様子に接し、香港やサイゴンでも同様の状況が見られたことも思い合わせて、同行していた同僚の少尉二人と悲憤慷慨した、と後に回想している。同僚の一人会津人であった森雅守少尉は、日本政府は「厳令を発し、日本人たるものは、白人同様に奮発勉強すること、若し白人に劣るものあらば、宜しく去勢せしむべきことを命ずべきである」と主張したという。上原の回想によると、彼らは、「我が日本人が何れの時か東亜民族の指導者として、白人の桎梏より彼等を救済することを得るであろう乎と、互に手を握って長嘆息した」のである[元帥上原勇作伝記刊行会編、一九三七、八九―九〇頁]。その後の滞欧中に上原は、日本がフランスの植民地の一つとしてみなされるという経験もしている。そのような状況を脱するためには日本を強大化することが必要と考えた上原は、大正期の初めには、陸相として二個師団の増設を求めて内閣の緊縮方針と対立して辞任し、いわゆる「大正政変」のきっかけを作るなど、「強兵」

の方向を貫いていくことになる。

オラービーを訪ねて

アジアの一部であると否応なく感じさせられながらも、日本は野蛮な姿をさらしてヨーロッパによる支配の下に置かれていることにあまんじているアジアの諸地域と異なると思った日本人にとって、ヨーロッパによる支配の拡大に激しく抵抗して挫折した人物が強い関心をそそる存在となったとしても、不思議ではない。一八八〇年代中葉から後半にかけて何人かの旅行者がセイロンで会見したエジプトの民族運動家オラービー（アラービー、ウラービーとも表記されることがある）がその人物である。

「オラービー革命」とイギリスによるエジプト占領、さらにその結果としてオラービーがセイロンに流されたことについては、すでに第Ⅰ章で触れた（四四―四五頁）。イギリスによるこのエジプト占領は、アフリカ分割を加速化するきっかけとなり、帝国世界が形成されていく過程できわめて大きな意味をもった。一八八二年、イギリス軍がアレクサンドリア砲撃を開始した時、帝国航路を旅していたのが、ロシア皇帝アレクサンドル三世即位式列席のためにヨーロッパ経由でロシアに向かおうとしていた有栖川宮熾仁親王の一行であった。七月初めフランス船で寄港したサイゴンでエジプトでの騒擾について知らされた彼らは、コロンボではイギリス軍によるアレクサンドリア砲撃のニュースに接した。戦争のためにスエズ運河が閉鎖される場合は喜望峰回りの航路を取ることになるという覚悟もした一行であったが、運河の閉鎖は行われなかった。ただし、七月末に着いたスエズでは、在留しているヨーロッパ人がことごとく乱を船舶に避けているという状態で、航海客は上陸できなかった〔林董編、一九八七、一五頁〕。イギリスによるエジプト占領が始まってからもしばらくの間状況が緊迫していたことは、八二年一二月半ばに板垣退助とともにこの地を通った栗原亮一によって記録されている。スエズ港にイギリスの軍艦がなお碇泊しており、戦いはすでに終わったものの警戒はまだ厳しく、敗残兵が出没徘徊して略奪を行っていたのである〔師岡編、一九八七、一一一頁〕。

エジプトのこの変化に対する日本人の関心は、相当に高かった。すでにヨーロッパ列強の多大な影響力のもとに置かれていたエジプトが、さらに実質的な植民地としての位置に追い込まれる様相は、自立した国家としての自国の将来を模索していた日本人にとって、他人事とは思えなかったのである。そのため、エジプトの独立を維持すべく奮闘して力尽きたオラービーの名前と彼のセイロン幽囚は日本でもよく知られることになった。たとえば八二年一二月二四日の『朝日新聞』には、「アラビが一度死罪に処せられたるも減刑せられて更に流罪となりし事は兼て前号に記載せしが、愈々《いよいよ》其連累《れんるい》者と共に近々印度《インド》のセイロン島に送らるべしという」という記事を見ることができる。

図 12　オラービー（野村才二『アラビーパシャの談話』1891 年，国立国会図書館蔵）

オラービーが送られたセイロンのコロンボは帝国航路での寄港地である。そこでセイロン寄港を利用してオラービーに実際に面会した日本人もあらわれた。以下、三つのケースをとりあげてみよう。

第一は新島襄である。新島は、八四年にヨーロッパを経由してかつての留学地米国に赴く旅に出た際、コロンボでオラービーと会見した。その際オラービーは、エジプトについて語ることには嫌悪を示し、エジプトがどうなるかは神のみが知ると述べる一方、日本の軍隊の大きさについて、軍艦が何隻あるかについて、新島たちに質問した。新島が、常備兵は一〇万人であるが政府はそれを不十分として陸海軍を拡張している、と答えると、オラービーは手をたたいて日本の力を称賛した。そしてすぐれた陸軍と海軍を維持していくよう忠告したのである〔新島、一九八五、二七四頁〕(『朝日新聞』一八八四年七月六日)。

二人目は『佳人之奇遇《かじんのきぐう》』の著者東海散士《とうかいさんし》(柴四朗)である。会津の出であったものの西南戦争従軍の際、土佐藩出身の谷干城の知遇をえた柴は、谷の視察旅行に秘書官として随行し、八六年四月に彼とともにオラービーを訪れた。

オラービーが谷たちに語ったことは、柴によって『佳人之奇遇』のなかで紹介されている。それによると、オラービーは、外債の返済を誤ったため国土が奪い尽くされる状況になり、それに対して兵をあげようとした際に義挙であるとして応援を約束してくれたヨーロッパの国も、実際に兵をあげると全く救援してくれなかった、と自らの経験を語り、「欧米人の言は聴くべくして信ず可からず、交る可くして親む可からず」と忠告した。外国人を顧問に雇っても官職を与えてはならず、国家統一のための手段はささいなものであっても保持しておくべきであり、「信義を重じ正理に則《のっと》り隣近の弱国を撫育保護せば、覇を東洋に称する日を期して待つ可きのみ」と彼は説いたのである〔東海散士、二〇〇六、五五四―五五五頁〕。『佳人之奇遇』はあくまでフィクションであり、この記述がオラービーの言葉をどこまで忠実に反映しているかについては留保の必要があるが、その概略のみをとってみても、このようなオラービーの忠告は、富国強兵によってヨーロッパに伍そうと考える人々の胸に強く響く言葉であったといえよう。

一方谷の「洋行日記」には、オラービーとの会見内容は記されていない。しかし、それについての強い印象を抱いたままエジプトに立ち寄った際、谷は、盛時に人民を酷使していたエジプト王権が英仏の手に落ちて人々はイギリス人の奴隷となっている、と見て、オラービーが兵を挙げて外国に抵抗したのはやむをえないことであったと感じている〔谷、一九一二、四六一頁〕。

三人目は、横浜税関の官吏で米国留学からの帰路八七年にオラービーと面会した野村才二である。彼は、アレクサンドリアで税関を視察した際、上に立つ者はすべてイギリス人で、エジプト人がもっぱら使われる身となっていることを見て、エジプトに人はいないのかと尋ね、オラービーのことを教わったという。彼に対してオラービーは熱のこもった調子で、西洋人は東洋人を人間視しておらず、友だちのような口をきいていても本心は国土を奪おうとしている、そのやり方には砲火によるものとやはり強い警告を発した。そして、日本人への助言を求める野村に対し、近年日本人は続々と西洋顧問官と称して政治に参与するものとがあるが、今西洋は文明を唱えつつ後者の方法をとっている、へ行って文明を学んでいるようだが、まずもって大切なのは国のなかで相和して民生をあげることだ、と答えた。内が充実していないようで、どうして外国からの侮りをふせぐことができようかと、オラービーは説いたのである〔野村、一八九一、二―三、八―一〇、一八頁〕。

　オラービーに会おうとして会えなかった人々もいた。たとえば海軍軍医の鈴木重道は、谷たちが会った直後の八六年五月に面会しようとしたが、外出中で果たせなかった［鈴木、一八八六、一二五頁］。また九〇年にコロンボを経由した内科医の入沢達吉もオラービーに会おうと思い、現地で修行中の日本人僧に尋ねたところ、僧のなかにも彼に会った者がいるとの返答に接した。入沢自身は、オラービーの居所が遠いために会見をあきらめ、オラービーについても記してある柴四朗の『埃及《エジプト》近世史』を僧の一人に託した［入沢、一八九〇、一〇九八頁］。

　次章で扱う時代になるが、一九〇〇年には、小説家大橋乙羽が、コロンボでオラービーについて尋ねている。すると、数年前に客死したという答えが返ってきた。ところが、彼が乗った船にコロンボから乗船してきた客の一人に、オラービーを訪ねた帰路の息子イブラヒムがいることが分かり、彼と親しくなった。そこでオラービーがまだ健在であることを知るとともに、イブラヒムが七年ぶりに会った父から、三年たたないうちに許されて本国に帰るであろうから「青天白日の期を竢《ま》て」と言われたことなどについて話を聞いた。これに対し、大橋は、天下の輿論が悉《ことごと》く解放を是としているなか、オラービーがエジプト史上に英名を留めたことは具眼の士が等しく見るところであると、熱い激励の言葉をかけている。オラービーは実際、その翌年一九〇一年に帰国を許された。

　このときのことについて、同船の人々が腹をかかえるばかりの熱の入れ方であったと、大橋は自分の姿勢を回顧しているが、これも当時の日本人の間にみられたオラービーへの思い入れの強さをよく示す情景であったといえよう［大橋乙羽、一九〇〇、八五—八七頁］。

コラム……2　中国人の見た帝国航路

帝国航路を利用していたのは、日本人だけではない。日本と同じようにヨーロッパの影響にさらされていた中国からも帝国航路をたどる人々は出てきた。そうした人々の航海記は日本人にも知られており、幕末から明治初年にかけて三度訪欧した中井桜洲の三度目の旅に関する『漫游記程』（一八七八年）に序を寄せた漢学者川田甕江《おうこう》は、中国人旅行者の筆にかかる『乗槎《じょうさ》筆記』と『使西日記』を読んだことに触れている［中井、一九六八、三〇一頁］。『乗槎筆記』は、一八七二年に成島柳北がシンガポールを発ってからの船上でも読んでおり［成島、二〇〇九、二六四頁］、かなり読まれていたものと思われる。

『乗槎筆記』は、広東海関総税務司ロバート・ハートの秘書斌椿《ひんちん》が、一八六六年にハートに同行して訪欧した時の記録である。彼は当時すでに六三歳という高齢であり、手代木有児によると「西洋社会への問題意識は希薄であったように見える」［手代木、二〇一三、二〇九頁］。彼は天津から乗船して、上海でフランス船に乗り換えて帝国航路（サイゴンを含む）を通っていったが、その過程での記述は、寄港地にみるヨーロッパ文明への驚きに終始している。たとえば上海では、西洋建築と林のように並ぶ船舶や乗り込んだフランス船の設備に驚嘆し、シンガポールでは、西洋建築に倣った店舗が稠密にならんでいる様を「高敞《こうしょう》壮麗」と称賛する。スエズ運河開通前の陸路を汽車（火輪車）でアレクサンドリアに向かった際には、「車行更に速やかに直ちに雲中に飛び過ぎるが如し」とその速さに感動している［斌椿、一八七二、五丁裏、七丁表、一二丁裏、二二丁裏］。

斌椿が、帝国航路でヨーロッパと中国の関係や中国のあり方について何を感じたかは記していないのに対し、川田甕江が『使西日記』と記していた郭嵩燾《かくすうとう》の『使西紀程』には、そうした点についての感慨が盛り込まれている。郭嵩燾は清朝の官吏であり、七五年二月に起きたイギリス人通訳殺害事件(マーガリー事件)をめぐる謝罪のため七六年秋にイギリスに赴いた。その旅についての記録が『使西紀程』である。これについては、もととなった日記や原稿との異同をも含めて詳細に検討した岡本隆司のすぐれた研究がある[岡本他、二〇一四、第一章]。以下、岡本の研究に拠りつつ、郭嵩燾の所論を簡単に紹介したい。

郭嵩燾もその時六〇歳近い年齢であったが、帝国航路で接するヨーロッパの力に驚きつつ、それに中国の状況を比べてみるという作業を行っている。たとえば、香港到着前の洋上でのイギリス船同士の旗を使っての挨拶の交換を見て、このように整然と「礼譲」が行われているのは中国の及ぶところではない、と彼は日記に記したが、『使西紀程』では、中国への言及をやめ、「礼譲」がヨーロッパの「富強」の基になっていることのみを記している。また香港でイギリス人の運営する学校を見学した際には、四書五経を教えていることや教授法に感銘を受け、日記ではその規模が宏遠であるとの賛辞を寄せていたが、原稿段階では、「其の規条は整斉厳粛、しかも所見宏遠なり。猶お古人の人才を陶養するの遺意を得たるがごとし。中国の師儒の失教、愧《はじ》有ること多し矣、之が為に慨歎す」と、中国の教育の状態についての批判を書き加える形に書き換えた。この場合も、『使西紀程』では「中国の師儒の失教」以降の部分を落としている[郭嵩燾、一九九八、三―五頁][岡本他、二〇一四、四五―四六頁]。

このように郭嵩燾は、ヨーロッパ(イギリス)を高く評価しつつ自国の現状を批判的にみる姿勢をとっていたが、他人の眼に触れる段階では、自国批判の部分を削除したのである。それにもかかわらず、『使西紀程』が刊行されると(『使西紀程』は報告書として外務省にあたる総理衙門に送られたところ、本人に無断で刊行されてしまった)、ヨーロッパ讃美の書として、激しい非難にさらされることになった。郭嵩燾は、マーガリー事件謝罪使としての任務を終えた後もロンドンに残り、中国公使館を開設して初代公使となり、さらに駐仏公使も兼ねることになるが、その間にこの非難に直面し、七九年に帰国した後は官職を離れてしまった。

岡本隆司は、この『使西紀程』での議論は、郭嵩燾がそれまで抱いていた考えをヨーロッパへの赴任の旅で確認して改めて筆にのぼらせたにすぎない、と論じている。そうであったとしても、中国の力と姿に思いを馳せつつヨーロッパの力を確認していく郭嵩燾の姿勢は印象的である。寄港地ごとに住民の中の中国人の数を記録していた彼は、コロンボで、半日歩き回って

……………………

も中国人を一人として見かけない、と記す。そして、ヨーロッパがこの地を開くに当たっては、利を収めることをめざして智力で経営し、もっぱら兵力を用いるということはない、と論じたのである〔郭嵩燾、一九九八、二四―二五頁〕。

第Ⅳ章

帝国支配国へ

——一八九〇年代～第一次世界大戦

一　帝国世界絶頂期の旅

帝国世界の完成

暦の上での一九世紀から二〇世紀への世紀転換期に、帝国主義世界体制（帝国世界）はいわば完成期に入った。この時期には、日清戦争（一八九四―九五年）、アメリカ－スペイン戦争（一八九八年）、南アフリカ戦争（第二次ブール戦争、一八九九―一九〇二年）、義和団運動鎮圧戦争（一九〇〇年）、日露戦争（一九〇四―〇五年）と、戦争が立て続けに起こった。そして、米国や日本が帝国世界における植民地領有国、支配国陣営の仲間入りをし、植民地領有をめぐる競合はほぼ一段落した。

米国は、それまで国内において先住民居住地域の征服を進めてきたが、一八九〇年にフロンティアの消滅が宣言された後、海外への関心を強め、スペインとの戦争で勝利をおさめて、それまでスペイン領であったフィリピン、グアム、プエルトリコを獲得した。

日本は、朝鮮での勢力拡張をめざして中国（清朝）との戦争に踏み切り、勝利の結果、朝鮮支配には成功しなかったものの、台湾を植民地化した。さらに中国からの外国勢力の排除を求めた義和団運動の鎮圧に帝国主義列強が協力してあたるに際して、日本は最大の軍隊を送った。この過程で、帝国世界のなかでの日本の位置は上昇し、一九〇二年には、イギリスとの間で日英同盟を結ぶに至った。そして日英同盟を背景に、ロシアとの戦争に乗り出し、勝利して南樺太を獲得、さらに朝鮮を保護国化

(外交権を日本が掌握)していった。朝鮮は一九一〇年に最終的に日本に併合されることになる。

こうした日本の動きが、帝国世界の構造を完成させていったわけである。その点について、日本における帝国主義研究の先鞭をつけた江口朴郎は、「日本の近代国家としての新しい出発は、アジアにおける人民の抵抗を抑圧する軍事力として欧米強国の勢力関係の間に自らを介在させることによってのみ可能であったし、またこのようなアジアでの軍事力を示す国家の存在によってのみ、全体としての帝国主義は可能であった」と論じた[江口、一九八六、五三頁]。

世界の分割が一段落した結果、ヨーロッパの外での植民地獲得競争という形をとっていた列強間の競合と対立は、ヨーロッパのなかでの戦争につながっていった。一九一四年における第一次世界大戦の勃発である。大戦開始の直接的、短期的原因に関しては各国の外交関係や指導者の決断をめぐってさまざまな議論が行われてきたが、戦争をもたらした長期的な要因は、このような帝国世界の展開であった。大戦での主な交戦諸国(一方にドイツ、オーストリア＝ハンガリー、他方にイギリス、フランス、ロシア)は、帝国主義の時代に獲得した領土の維持、拡大をめざして戦った。日本も日英同盟のもとで参戦し、アジア太平洋におけるドイツ領の島嶼《とうしょ》や租借地(青島)を占領するとともに、中国での権益拡大をねらって二一カ条要求を出すなど、帝国主義国としての姿勢を露骨に示した。

増大する日本人旅行者

この時期には、帝国航路における日本の存在感も強まった。一八九三年に日本郵船がインドまでの運航を開始したのにつづいて、九六年にヨーロッパまでの運航を始めたこともその徴であった。帝国航路を旅する人々は、それまでイギリスやフランスの船に乗らざるをえなかったが、この時からは日本の船で全航程を航海することができるようになったのである。初のヨーロッパ航路船となった土佐丸就航の直前、『万朝報《よろずちょうほう》』は次のようにその意味を論じていた。

何様敵は名にし負う英仏の両大汽船会社にして久しく日欧間の航権を掌握せしものなれば、我が国民も之を傍観せず、目前の小利を捨てて郵船会社を援け、彼等の専横を制し、以て此航権を全く我に収めしむるの覚悟なかるべからず。此競争にして一度失敗せんか、独り郵船会社の恥辱たるのみならず、実に帝国の一大恥辱、一大損害たるなり(『万朝報』一八九六年三月四日)。

図13　日本郵船土佐丸欧州航路開航披露(1896年)(日本郵船株式会社『日本郵船会社の汽船の乗客と荷主のための情報の案内』1896年，国際日本文化研究センター蔵)

土佐丸の事務員阪本喜久吉は、初航海についての喜びを充満させた『雲海紀行』という航海記を残している。土佐丸はコロンボの後インドのボンベイにも寄港したが、そこで阪本は、三年前に日本郵船が日印航路を開いた時、インド人は日本のことを理解しておらず、その実力を疑っていたが、その後の日月の経過で「今や大に我を尊崇するに到れり」と、誇らしげに記した。彼は、「海権の張る所に国威随《したが》って宣揚し、航権の弛む所は国威必ず衰凋《すいちょう》」すると考え、日本のように回りを海で囲まれている国での富国強兵の策は、まずもって航海業にあおぐべきであると確信していた〔阪本、一八九六、六、九四頁〕。日印航路が開通した九三年から日欧航路が始まった九六年まではわずか三年であったが、その間には日清戦争における日本の勝利という大きな出来事があった。それがこの昂揚感を支えていたと考えられる。日清戦争期にパリに滞在していた新聞記者の池辺三山(熊本出身でヨーロッパ留学中の旧藩主細川護成の補導役として渡欧)は、九四年一一月三日にパリから出した書簡で、日本の勝ち戦がつづいているために、戦争はパリでも大評判となっており、「是にて赤髭の奴等も少しは日本の威勢に恐れ」をなすだろうことは快い、と書き記した〔池辺、二〇〇二b、一五三頁〕。それまで日本人が感じることがなかったこうした空気に触れる機会が、帝国航路でも到達先のヨーロッパでも増してきたのである。

その状況のもと、海外をめざす日本人の数は、さらに増大していった。海外渡航者の規模を示す旅券発行数は、一八九一年には一万三六一八人、日清戦争が始まった九四年には一万六七二六人であったが、一九〇〇年には四万一三三九人に増加、日露戦争後の〇六年には五万八八五一人でピークに達した。

旅行者の多様性も増していった。とくに、学者のヨーロッパへの留学が目立つ。官費による留学は明治時代の初めから行われていたが、一八八二年に東京大学卒業生を主な対象とする「官費海外留学生規則」が作られ、八五年にはその対象が文部省直轄の専門学校や師範学校にも拡げられた。本章で取り上げる夏目漱石のイギリス留学も官費留学である。第五高等学校(熊本大学の前身)教授であった漱石は、英語教育法研究のためイギリス留学を命じられたのである。他に、ジャーナリスト(前述した池辺三山や長谷川如是閑《にょぜかん》や文筆家〔島村抱月や与謝野鉄幹・晶子夫妻〕、宗教家〔釈宗演〕など、旅行者の職業は多岐にわたる。

そうした人々の多くは旅の目的をはっきり定めていたが、この時代になると、なかには明確な目的をもたないまま旅に出る者もあらわれてきた。たとえば、ジャーナリストであり、歴史家、政治家でもあった竹越与三郎は、一九〇〇年八月に日本郵船の神奈川丸で横浜を発った後、何も目を遮る物のない海上で、籐の長椅子に横たわって茫然として天を仰ぎ、自らに大要次のように問いかけた。

昔の人は祖国に不満をもって国を去った。しかし自分は祖国に不満もない。バイロンがイギリスの海岸に接吻して祖国に別れを告げたような気持で去るのでもない。また北宋の政治家で詩人でもあった蘇東坡〔蘇軾〕が皇帝にうとまれて辺鄙な地へ送られた状態とも異なる。といって明治時代のこれまでの才人のように西洋の文物を知るためでもない。それは東京にいても把握できる。ある新聞記者が、伊藤博文の下で仕えるのを潔しとしないためではないかと言っているが、その事実もない。結局、自分がなぜ国外に遊ぶかは自分でも分らないのだ〔竹越、一九〇二、六九―七一頁〕。

かなりの韜晦《とうかい》を含んだ言であるとしても、竹越が旅の目的を自らつかみかねていたことは確かであろう。

ヨーロッパへの旅に出かけられる人々の数は、日本国民全体のなかではまだまだ限られていたとはいえ、このような形で「外遊」する者が出てくる余裕が日本には生まれてきていたのである。

帝国世界完成期のアジアと日本

この時期に帝国航路をたどった旅行者たちは、帝国世界完成期の世界の様相を、寄港地や到達先のヨーロッパで感じとった。

今紹介したばかりの竹越与三郎が帝国航路の船に乗った時期は、ちょうど日本を含む八カ国連合軍が義和団運動を鎮圧するための軍事活動を展開していた時にあたった。竹越は横浜から神戸を経てまず香港に寄港したが、ここで義和団の鎮圧に向かうドイツ軍の一団と遭遇している。さらに香港で神奈川丸に乗り込んできた四人のイギリス人のうち二人は、二〇年余り天津に住んでおり、義和団に襲われて家産を失いそうになった際日本軍に助けられて財産の半ばを守ることができたという人々であった。それまで同船していたイギリス人が竹越に声をかけることなどなかったのに対し、このイギリス人たちは進んで彼に話しかけてきた。それによって、前からの同船者たちも話してくるようになったという。このことは、変動期における日本の位置を彼に感じさせたことであろう。ちなみに、ドイツ兵について竹越は、豚や犬のために作られた言葉を話し、麦で作った悪酒を飲み、蛮音で愛国を叫び、武技を国の商売としてそれ以上の高尚なことを知らない人々であると、さんざんの評価を下した［竹越、一九〇二、七四—七七頁］。

その少し後の一九〇〇年九月末からドイツ留学に出かけた作家巌谷小波は、上海ではフランス兵を、香港ではイギリス兵を多くみかけたのに対し、シンガポールではドイツ船が碇泊しているためにドイツ兵ばかりに出会っている［巌谷、一九〇三、四六頁］。

義和団事件鎮圧と同じ時期、イギリスは南アフリカ戦争で予想外の長期戦にひきずりこまれていた。

南アフリカ戦争の戦場自体はスエズ運河経由の帝国航路からは遠く離れていたが、日本人渡航者たちは、この航路でその戦争の一端にも触れることになった。ブール人の捕虜がセイロンに送られてきていたのである。ロンドンでのエドワード七世戴冠式に際して渡英した軍艦に乗り組んだ海軍軍人小笠原長生《ながなり》は、セイロンのラガマ収容所（三二〇〇名の捕虜を収容）について、捕虜が厚遇されて何らの労役も課せられることなく、寝具や食事にも恵まれていること、ただし逃亡を防ぐために三重の鉄柵が室外にめぐらされていること、などを記している〔小笠原、一九〇三、四五―四六頁〕。

義和団事件鎮圧の後、日本はイギリスと日英同盟を結び、さらに日露戦争へと突入し勝利をおさめた。一九〇二年から〇五年までイギリスに滞在していた作家島村抱月は、〇四年に日露戦争が始まった当初はイギリス人から日本が気の毒であるという挨拶をされたが、旅順や仁川での戦況の知らせで人心が狂喜したと観察している。島村によると、それまでヨーロッパ人は、東洋人＝アジア人＝未開人という勝手な評価を下し、東洋的残忍とか東洋的奴隷心とかいった言葉を用いてきた。その標本は中国人であったものの、日本人もそれと同等視されてきており、日清戦争で日本と中国は違うと分かった人々は一部にとどまっていた。そこに到来したのが日露戦争である。日本の勝勢は「旦那が下女の手でも引いてあるくかのように〔日英同盟のことを〕笑っていた、大陸諸国に対し、同盟国の誠に立派なものであったことを示して、面を起こすということ、此等は隠さんとしても隠されざる英国人の喜悦の源であろう」と、島村は感じたのである〔島村、一九二〇b、一五七―一六四頁〕。

ヨーロッパの強国とみなされていたロシアに日本が勝利したことは、世界に大きな衝撃を与えた。日清戦争での戦勝から義和団鎮圧、さらに日英同盟締結と帝国世界における支配国陣営の階梯を駆け上がってきた日本は、これによってその位置を固めたのである。

日露戦争によって日本郵船ヨーロッパ航路の運航は一時停止されたが、〇六年春にそれが再開された際、敬愛するトルストイに会いにいくためエジプトのポートサイドまで帝国航路をとった徳冨蘆花は、満員となっていた一、二等船客について（蘆花自身は三等室の乗客であった）、その九割が外交官、武官、留学生などの日本人であって、「皆発展日本の潮が送り出したるもの」と説明している。蘆花は、それに比べ自分は何のためにさまよい出たか自分でも分からないが、ノアの箱舟から放たれた鳩のように橄欖《かんらん》の葉を一枚ついばんで帰ればそれで足りるのだ、と述べた〔徳富健次郎、一九〇六、七—八頁〕。日露戦争開戦当時は戦争を支持していた蘆花は、戦争の経過とともに批判的姿勢をとるようになり、平和主義の考えを強めていた。戦争勝利の結果としての「発展日本の潮」を体現する船客たちに向けた蘆花の眼が厳しいものであったことは、間違いないであろう。

日露戦争に勝利した日本の姿に批判的な眼を向けながら帝国航路をたどったのは、蘆花だけではない。日露戦争後に帝国航路をとってヨーロッパから日本に戻ってきた永井荷風の場合にも触れておこう。荷風は、一九〇八年に、〇三年以降の米国とフランスでの在外生活を終えて帰国の途についた。彼は、シンガポールに着いた時、自分が戻っていこうとする日本のあれこれについて、嫌悪を覚える自らを見出した。それについて荷風が書いたのが「悪感」という文章である。この「悪感」を一部とする『ふらんす物語』は、〇九年に出版されるはずであったが、出版届けが出されるとすぐに発禁処分になるという運命をたどった。「悪感」は、第二次世界大戦後になって、「新嘉坡の数時間」というタイトルで発表されることになる。

それによると、シンガポールに着いて驚くべき草木の茂りを見た荷風は、夢見てきた熱帯の美に酔ったものの、それは一時のことであった。「今、休みもなく我心を焦立せるものは、東の国。露西亜に勝った明治と云う文明国が、如何に如何に我が身に近く進み寄って来たかと云う事のみである」〔永井、二〇〇三、二五二頁〕。戦勝して大国の仲間入りをした日本に帰っていくことの昂揚感はここにはみじんもない。注意すべきは、この「新嘉坡の数時間」での日本批判に通じる表現が、もとの「悪感」でのそれよりも抑えられたものだったことである。小森陽一が指摘するように、「東の国」は「悪感」では「東の方、大日本帝国」と、より直截な表現をとっていた。そして、「悪感」にあった、日本について嫌悪すべき以下のようなことがらの羅列は、「新嘉坡の数時間」ではすべて削除されたのである〔小森、二〇〇六、七八―七九頁〕。

巡査、教師、軍人、官吏、日比谷の煉瓦造、西郷隆盛、楠正成の銅像、人道を種《たね》に金をゆすって歩く新聞紙、何々《なになに》す可らずずくめの表札、掲示、規則、区役所、戸籍、戸主、実印、容色の悪い女生徒、地方出の大学生、ヒステリー式の大丸髷、猿のような貧民窟の児童《がき》、夕日の射込《さしこ》む雪隠《せついん》、蛞蝓《なめくじ》の這《は》う流《なが》し下《もと》――昔から日本帝国に対して抱いて居た悪感情、一時欧米の天地で忘れるともなく忘れて居た悪感情が、過ぎた夜の悪夢を思出すように、むらむら湧返って来た（ルビ原文）。

それまで自分を包み込んできた欧米の空気（ポートサイドでも荷風はフランスの詩人に身を託する形で「東方の静寂悲哀」を語っていた）を離れてアジアに入り込んだことを感じさせられたシンガポールで、荷風は、こうしたものであふれかえりつつロシアに勝った「文明国」としてアジアの盟主たろうとしている日本への「悪感情」を抑えきれなかったのである。

しかし、蘆花や荷風のような人々は、明らかに少数派であった。蘆花より少し後〇六年五月に横浜を発って欧米巡遊の旅に出た政友会の政治家長谷場純孝に蘆花の兄徳富蘇峰が送別の詩を送っているが、その詩は「万邦今正仰　皇州」(万国が今まさに皇国日本を仰ぎみている)と始まっていた[長谷場、一九九一、四〇頁]。帝国世界のなかでの日本の力を誇る方向に日本人のナショナリズムは突き進んでいたのであり、帝国航路を通る人々も、そのほとんどはこのようなナショナリズムを抱いて日本を離れ、また旅の途上でそれを確認していったのである。

二　拡大する日本の力と英領植民地の日本人

日本の力拡大の諸相

この頃、すでに第Ⅰ章で紹介したように、上海や香港、シンガポールでの日本人数の増大は著しかった。

ただし、そのうち多くは娼婦であった。彼女たちについて、また旅行者が彼女たちにどのような視線をなげかけたかについては、すぐ後で述べることにしたい。

日本の存在感の強まりは、旅行者たちの眼に移る各港の状況にあらわれた。

前章で扱った時代の最終期の一八八六年、イギリスのシンガポール総督フレデリック・ウェルドは、友人にあてた書簡で以下のように記した。

ニューカッスルで〔日本海軍のために〕建造されたきわめて優秀な型の二隻の甲鉄艦がここに碇泊している。〔中略〕その船に行ってきたわが海軍軍人の一人は、いざ戦闘ということになれば、そのどちらの船をとってみても、この海域におけるわが国の艦隊――それは大変な屑から成っているのだが――を全部合わせたものに匹敵するだろう、と言っている〔Turnbull, 2009, p. 133〕。

このような日本の海軍力の増強ぶりは、本章が対象とする時期になると、寄港地においてますますはっきりとしてきた。九九年に二度目の渡欧の旅に出た歴史家箕作元八が、シンガポールに寄港した際、入港してきた日本郵船の船に、イギリスで建造中の戦艦敷島（翌年一月に竣工）を日本に回航するための水兵が乗っていた。箕作は、彼らが市中いたるところに見えることについて、「他国にて日本水兵を見るは愉快なり」と感じた〔井出・柴田編、一九八四、二二頁〕。一九〇〇年に夏目漱石と同船してヨーロッパに向かった国文学者芳賀矢一も、上海で日本の軍艦が碇泊しているのを眼にして「日章旗を異域に認む。意気自ら揚るを覚ゆ」と、日本の海軍力に気分を高揚させている〔芳賀編、一九三七、六一三頁〕。

日露戦争後の一九〇六年、かつてセイロン、インドに渡って仏教を研究した経験のある禅僧釈宗演は、米国からヨーロッパを巡る旅に出ていたが、帰路の帝国航路でセイロンのコロンボを再訪した。その際、イギリスで建造されて就役直後の戦艦香取に港で遭遇し、二〇年前に自分がコロンボを訪れた時には考えられなかった事態である、との感慨を記した〔釈、一九〇七、二六三―二六四頁〕。〇八年、やはり帰路にコロンボに立ち寄った児童文学者で翻訳家（新渡戸稲造の『武士道』の翻訳者）の桜井鷗村は、港に日本の船が三隻入港しているのを見て、「国旗の立つ所には我国が在る、世界の海に日本船の横行するのは、即ち日本帝国が出張して往くことなのである」と日本の存在感の強まりを実感した〔桜井、一九〇九、五六七頁〕。

帝国世界において日本の力が増大していることを旅行者に感じさせたのは、港での船舶だけではなかった。少し前までは日本の産物を眼にすることが考えられなかったようなところでそれに出くわす機会も増えたのである。たとえば、コロンボの人力車である。一九〇〇年に日本郵船社長の欧米訪問に随行して、社長より一足早く帝国航路を通って帰国した郵船社員の正木照蔵は、コロンボに着いた時、日本の人力車がそこまで「侵入」していることに強い印象を受けた〔正木、一九〇一、二六八頁〕。そのしばらく後、パリ留学を終えてロンドンから日本への帰路についた国文学者池邊義象《いけべよしかた》も、コロンボで、日本の人力車が多いこと、それを黒人が引いていることを特記している〔池邉、一九〇一、二七頁〕。

池邉はそれより前、まず寄港したポートサイドで、最も目立つのは日本雑貨がすこぶる多いことであるとも記した。彼が気づいた日本品は、扇、団扇《うちわ》、漆器、陶器、象牙細工、日傘、芸妓の写真、衣服、人形などであった。それらは日本人の眼からみるとあまりさえないものであっても、現地の人間や外国人旅行者にはめずらしくてよく売れていたという〔池邉、一九〇一、一六―一七頁〕。ポートサイドでの日本品については、一九一三年に日本での迫害を逃れるためヨーロッパに赴いたアナキスト石川三四郎（彼は結局一九二〇年までヨーロッパに滞在することになる）も強い印象を受けた。ポートサイドの港に近いところにはイタリア人の経営になる日本物産を扱う雑貨店があったが、石川がえた情報によれば、「日清、日露の両戦争を経て日本の声価が高まると同時に、同店は益々繁昌して来た。日本の領土が大きく成ると同時に同店も益々大きくなった」のである［石川三四郎、一九二二、三七―三八頁］。石川によれば、この頃ポートサイドに在住していた日本人は、その雑貨店で働いていた一人といま一人の二人だけであったというが、そのような地でも日本の力が伸長してきた徴は顕著だったのである。

問題としての「からゆきさん」

忘れてはならないのが、上海、香港、シンガポール、さらにペナンなどにおいて、この頃日本人の存在感を最も強く示す存在となっていたのが、娼婦たちだったことである。彼女たちは当時は「醜業婦」と呼ばれることが多く、一九七〇年代に山崎朋子の『サンダカン八番娼館』や森崎和江の『からゆきさん』が刊行されてからは、「からゆきさん」として広く知られるようになった。彼女たちがこれらの場所で活動をはじめたのは、前章で扱った時代であり、森崎和江によると、上海では一八八二年ですでに七、八百人の娼婦が働いていた［森崎、一九七六、九一頁］。八三年、香港で野津道貫は、「市街を散歩するに方《あた》り、屢々《しばしば》日本処女の衣服を着け駒下駄を穿《うが》ち意気揚々として来往する者を見る。蓋し目下該府に寄留し淫売を為すもの三百人に下らずと云う。聞く此《かく》の如き賤業を為す者年一年より増加すと」と記している［野津、一九八七、四〇頁］。さらに八七年には高田善治郎が、香港で「淫売婦女の如きも数多あり」と感じた後、シンガポールでも「鬼業を稼ぐもの」が多いことに強い印象を抱き、上海での領事による取締りが厳しくなったため香港やシンガポールに流れてくる者が増えたという情報を書き留めている［高田、一九八七、二六二、二七八―二七九頁］。その女性たちの存在感が、日本が帝国支配国となった世紀転換期にはますます強まっていったのである。

一八九八年、フランス船で留学の旅にのぼった社会学者の建部遯吾《たけべとんご》は、日本の港から上海、香港、サイゴンへと来るにつれ、こうした「東洋の諸港に跋扈《ばっこ》するのは醜業婦」であるとの感想を抱いた〔建部、一九八九、三七頁〕。その二年後、渡英の旅の途上、シンガポールで娼婦たちの姿に驚きを隠せなかったのが、夏目漱石である。「醜業婦街上を徘徊す。妙な風なり」と書き留めた漱石は、妻への書簡でも、「日本人の多数は醜業婦にて、印度《インド》の腰巻に綿ちりめんの羽織に一種特別な下駄抔《など》を穿《は》きて街上を散歩致候《いたしそうろう》、一種奇的烈《きてれつ》の感を起さしめ候」と記した。さらに後になって記した英文メモのなかでは、シンガポールで多くの「街の女 street-walkers」を見たと述べたうえで、「見捨てられた哀れな人々。彼女らは自分が何をやっているのか分っていない。彼女らは貧しさに追い立てられて、世界の遠く離れたところに避難し、自分たちの母国の顔に泥を塗っているのだ」と嘆いている〔夏目、一九九五、一九、三六頁；一九九六、一九〇頁〕。漱石がシンガポールでの娼婦に強い印象を受けたことは、すでにしばしば指摘されてきており、それは彼女らの多くが長崎県をはじめ彼の勤務地九州の出身であったという理由*によるところが大きいとされることもある。その点は間違いないと思われるが、彼のこうした反応は旅行者の間で決して特別なものではなかったのである。

*領事報告によると、たとえば一九〇二年一—八月に女性だけで四五八人がシンガポールに上陸したが、その出身地は、長崎県一八七人、熊本県九六人、山口県二九人、福岡県二二人、佐賀県一九人、愛媛県一九人、大分県一六人であった。その多くが門司—香港—シンガポールというルートで密航してきた女性であった〔ワレン、二〇一五、二二九頁〕。

この女性たちの客の大半は植民地で暮らすヨーロッパ人であった。シンガポールにおける日本人と中国人の娼婦について包括的な研究を行ったジェームズ・ワレンによれば、「東南アジアにおけるイギリスの砦である植民地の力と安全を保つには、大英帝国の兵士や水兵を満足させる必要」があり、その役割を彼女たちが担っていたのである〔ワレン、二〇一五、二七二頁〕。そのような役割を演じていた日本人娼婦の存在は、帝国航路を旅する日本人の多くにとって、嘆かわしいものであった。一九〇八年、シンガポールを訪れた桜井鷗村は娼婦を眼にして、「心あるもの誰か眉を顰《ひそ》めずしてあるべき？　しかし〔中略〕此等の出稼醜業婦だとて、擬《まが》いもない日本人である、我等が同胞である。〔中略〕而《しか》して悲しむべし、我が国旗の到る処、其の未だ到らざる処に、我が国辱を晒《さら》しつつあるのだ」と慨嘆した〔桜井、一九〇九、五七一―五七二頁〕。

アジアにおいて日本の力を強めることを願っていた人々の多くにとって、日本人の存在感がこうした娼婦によって代表される形になっている状態は、桜井のいうように「国辱」以外の何物でもなかった。しかし、彼女たちの姿に異なった感想をいだいた人もいた。石川三四郎である。一三年にフランス船でパリに向かっていた石川は、サイゴンで娼婦をみて次のように記した。

彼等は日本の最も勇敢なる戦士である。所謂《いわゆる》帝国主義から言えば、彼等は大勲位公爵位になっても可《よ》い代物だ。所謂国威を宣揚して、到る処に異人を征服して、国利を増進して居るものである。東西両洋の要所要所に在る日本家の銀行や商人は大抵彼等を華客とするもので、鹿爪らしい顔をした、堂々たるお鬚の旦那様連も言わば彼等の手先に過ぎないと、同船の一人が物語って居た。此船に同乗した真珠採労働者や天賦の宝物を以て世界を征服しようとする彼の女軍を除けば、他の日本人は、大抵、雲助、火事泥の徒讃《（ママ）》〔徒輩《やから》の誤記〕に過ぎない〔石川三四郎、一九二二、一九—二〇頁〕。

ただし、「天賦の宝物を以て世界を征服しようとする」と女性たちを賞揚する石川の言辞は、彼女たちをひたすらに日本の恥とする人々の感想と、方向こそ一八〇度違うにせよ、日本での生活の困窮から海外で春をひさがなければならない女性たちの心の内を無視している点では、同じであった。

こうした女性たちのなかには、客であるヨーロッパ人の妻や妾となる者もいる一方、現地の男性と結婚する者もいた。そうした点も、旅行者の反応を誘っている。一八九二年、ジャーナリスト池辺三山はサイゴンで娼婦のいる家を覗いてみた。そこでは長崎なまりと思われる言葉での会話がとびかっており、服装は「野蛮人種北海道アイヌ種」に似ていた。彼らを案内した山野という人物が、神戸からきた女はどうしたかと尋ねると、かなり以前に現地人の妻となったという答えが戻ってきた。その答えを聞いて池辺は、「千里の波に流れ渡りて此の異郷の地に来り爪牙《そうが》〔他人の手足となって働く者〕となりたる果ては彼の黒面奴の妻となるなんど是れ寔《まこと》に何等の心ぞや」という感想を抱いた〔池辺、二〇〇二a、二四—二五頁〕。蔑視の対象である日本人娼婦が、いっそう蔑視すべき現地の「黒面奴」の妻となったことへの当惑を彼は隠せなかったのである。

三　アジアの民衆への視線

「亡国の民」の相貌

本書ではこれまでの章においても、帝国航路を旅する人々が各地で現地人を野蛮視する様を検討してきた。その傾向は、アジアの中での日本の力が増し、日本がアジアでの植民地支配国となった本章の対象時期には、ますます顕著となっていった。

日本人娼婦の結婚相手を「黒面奴」と形容した池辺三山は、シンガポールから熊本の家族に宛てた手紙で、「ただただかようのところまでせいよう人〔西洋人〕がいばりちらし候事つらにくく、ところのひゃくしょうがむざんにあつかわれ候事、あわれにおもい候のみに御座候。このあたりの百しょうはいずれも色黒く、なにとなくばからしきかおつきにはちがいなく候えども、さりとてこれもにんげんに候えば、けだものとおなじようにおいつかわれ候が、ふびんに相見え申候」と記している〔池辺、二〇〇二b、三三一―三三二頁〕。シンガポールの人々が人間であるにもかかわらず、獣と同じように扱われていることに同情をしているわけであるが、彼らを自分たちと同等の存在として見るという姿勢は、ここには全くうかがえない。

アジアの人々を獣扱いする日本人旅行者の眼は前章でも扱ったが、同じ様相はこの時期にも強く見られた。一九〇〇年に一六〇日余りを費やす欧米一周の旅に出た小説家の大橋乙羽は、シンガポールでまず日本人娼婦が多くいる所を訪れ、「この地の名物は、日本の醜業婦なり。〔中略〕噫《ああ》、旭日章旗の力も、その百鬼の横行を打消すこと能わずや、予輩海外に遊ぶもの慨嘆に堪えざるなり」と嘆いた。その足で向かった現地人街〔「黒人街」〕で現地人の娼婦を見た彼は、「鉄よりも黒き顔に、鼻には金輪を徹《とお》し、白き眼の光りて、唇は人食う鬼かと思うばかり赤かりき」とその様相を描写し、「その白人の黒人を禽獣視する、また所以《いわれ》無きにあらず、食するに手を以てし、徒跣《とせん》〔はだしで〕熱地を走り、赤裸々にして白昼行く、猿猴《ましら》〔さる〕の族と相距《へだた》る一歩ならずや」と、現地の人々に対する蔑視姿勢を隠そうとしなかった。そのような野蛮な存在であってみれば、こうした地で「白人の横行無人の境を行くが如き」であったことは何ら不思議がないと、大橋は感じたのである〔大橋乙羽、一九〇〇、四五―四六頁〕。

このように寄港地で見るアジアの人々〔中国人についてはすぐ後で別に扱う〕を野蛮視する気持を強く抱いていた旅行者たちの記述で、この時期に頻出してくるのが、「亡国の民」、もしくはそれに類似した表現である。

夏目漱石は、コロンボでつきまとって花を売り金をせびる少女に嫌悪感を示して、このような「亡国の民は下等な者なり」と断言した〔夏目、一九九五、二〇頁〕。漱石と同じ一九〇〇年に訪欧した竹越与三郎の場合、ペナンの現地人の家屋の状況やお歯黒の様相などに日本人との間の共通性を見出しながらも、シンガポールでもペナンでも現地人は馬丁や車夫に代表されており、おとなしい外国人と見れば金をまきあげようとする一方、外国人に少し強硬に威圧されるとたちまち雌伏してしまうと観察し、「此の如き人種は亡ぶべき天命を有す、余は此の如き人種を憐むよりも、寧《むし》ろ憎悪す」と、彼らへの侮蔑感をあらわにした〔竹越、一九〇二、八三、八五頁〕。

一九〇六年、米欧旅行からの帰路に帝国航路を通った釈宗演は、コロンボで一時航路をはずれてブッダガヤ訪問のためにインドに向かった際、旅客の荷を運ぼうとして争うインド人の姿をみて、彼らがもともとそのような存在であったのだろうかと疑いつつ、「蓋し亡国の民は常に虐使せらるるを免れず」と、彼らがヨーロッパ人に支配されることは当然であると考えた〔釈、一九〇七、二七〇頁〕。また〇八年末ヨーロッパからの帰途、桜井鷗村はエジプトで同じように客にたかる人々について、「金字塔〔ピラミッド〕は埃及《エジプト》亡国の大記念碑であるが、其の周囲を徘徊する土人亦た亡国の民なることを証している」との印象を抱いた〔桜井、一九〇九、五六二頁〕。アジアの人々が支配される状態に置かれることは当然の事態であり、人々の有様が亡国の運命を指し示しているとする考え方は、一般的だったのである。

第一次世界大戦期に入って一九一五年に渡欧したジャーナリスト（後に政治家）中野正剛は、帝国航路が亡国の地、亡国の民をたどる航路にほかならないとして、「亡国の山河」という一文を綴り、次のように論じた。

国亡びて山河あり、城春にして草木深し、嗚呼是れ何等凄愴《せいそう》の言ぞや。神戸を解纜《かいらん》してよりマルセイユに着するまで、其の経る所は皆亡国若くは半亡国なり。而して此等亡国の民は皆吾人と思想感情文明の系統を同じうする有色人種にして、此等を征服し此等を利用する優勝者は、皆吾人と祖先を異にし文教を異にする白人なり。吾人は白人に対して怨《うらみ》なく、白人の教《おしえ》を受くるに吝《やぶさか》ならず。されど彼れヒューマニティーを叫べば、我にも人道主義の声あり、彼我の揚言する所を実行せんとならば、世界に人種的不公平あるを許すべからず。斯くて余が渡欧の旅行記は、期せずして人種的偏見を呪う無韻の叙情詩となれり〔中野正剛、一九一七、三二六頁〕。

中野の場合は、やはりアジアの人々の現状を「亡国の民」としてとらえつつも、同時に日本人と彼らの間に有色人種としての共通性を見る姿勢を強く打ち出したのである。

とはいえ、寄港地の人々についての中野の描写は、蔑視観を免れなかった。彼によると、上海（この時には戦争中のため上陸することはできなかったが、前に来たことがあった）の中国人は、蛆《うじ》のようにうごめいていて、二〇世紀の人類の状態とはいえなかった。また香港の中国人街は無秩序で不潔であり、「此の民族の他に圧せらるる所以は、此の街衢に充満せる人々の面相にも現われ」ていたのである〔中野正剛、一九一七、三三七、三四五頁〕。

「中国人あなどるべからず」

ただし、中国人についての認識は、旅行者によってかなり異なった。中野のように、もっぱら中国人の不潔さを強調する旅行者は、前章まででも紹介してきたように確かに多かった。一九〇二年、島村抱月は香港において、仕事はないかと船に押し寄せてくる中国人がステッキや傘で殴打され、手を合わせて許しをこう様子を見て、「意気地なしとも言わばいうべけれど、国民としての彼等が立脚地も悲しきものなり、おのずから斯くもなるべし。〔中略〕総じて上海以西、数に於いて、また恐らく富みに於いて、帯色人種は未だ白色人種に劣らずといえども、ひとり位に於いては、哀しいかな、彼れ常に主人たり、此れ常に奴僕たり、彼れは使役動詞に属し、此れは被役動詞に属す」という感想を抱いた〔島村、一九二〇a、一二二―一二三頁〕。また日露戦争直後の〇六年、長谷場純孝は上海の中国人街を巡視した後、「支那人は何処までも支那人にして、支那街は何処までも支那街なり、其陋劣《ろうれつ》は例によりて例の如く、其不潔は例によりて例の如く、其擾々《じょうじょう》狺々《ぎんぎん》〔乱れて騒々しいこと〕亦《また》例によりて例の如くなりき」と結論づけている。いったん中国人街の外に出て、イギリスやフランスの租界を歩いてみれば、家屋といい道路といい「欧米に於ける物質的文明の摸範」を示す景観が広がっているにもかかわらず、中国人はそれに何の刺激も受けていない、と長谷場は断じたのである［長谷場、一九九一、四八—四九頁］。

しかし、この時期の旅行記では、そのような中国人像とならんで、支配されてはいるものの結局の所は中国人は底力をもっている、という印象を抱く人々も目立ってくる。上海でも、市場が繁華であることに驚いて、日本で想像するようなノラクラした中国人はみることができない、と自分の中国人イメージを修正する石川三四郎のような例が見られるが［石川三四郎、一九二二、一二頁］、中国人の力への認識がとくに顕著だったのは、香港とシンガポールにおいてである。

一九〇〇年芳賀矢一は、上海では、街の臭気を耐えがたく思い、荷下ろしのために寄った福州では、船に寄ってくる人々のことを、「老若男女さながら餓鬼の如し。日本の民如何に貧困下等のものといえども恐《おそら》くはこの態をなさざるべし」と描写していたが、香港では、中国人の富裕者が多く、大きな建物の多くが彼らの所有にかかることを聞いて、感銘を受けている［芳賀編、一九三七、六一六—六一九頁］。同じ年、竹越与三郎も、香港でイギリスが握っているのは政治・軍事上の力だけで、社会は中国人のものであり、貧しいイギリス人はイギリス人医師の料金の高さのため漢方を用いる中国人医師にかかっている、と記した［竹越、一九〇二、七六頁］。一一年にジョージ五世の戴冠式に参列する伏見宮に同行した乃木希典の随員としてイギリスに向かった吉田豊彦になると、香港で商業の実力をもっているのは中国人であるため、「香港より清人を取り去れば恰も美人の屍体の如しと謂う」とまで言い切っている［吉田、一九九四、二二〇頁］。

シンガポールでは一九〇二年、小笠原長生が、その地の中国人といっても、裸で人力車夫をしている者やきれいな馬車に乗って意気揚々としている者など多様であるが、「彼等が当市経済の原動力たるは殆ど疑いなき所」と、その経済力を強調した〔小笠原、一九〇三、二七―二八頁〕。それより前一八九六年に訪欧の旅に出た徳富蘇峰は、まず香港において、その地を支配しているのはイギリス人であっても、中国人の勢力、活動はめざましいと感心し、中国は恐るるに足らないものの、「支那人は侮る可らず」との感懐を抱いていたが、シンガポールに来てその感をさらに強めた。「此等の英領に於ては、支那人は富を以て其の領主を圧する程ならざるも、少くとも拮抗の勢力は、優に有之《これあり》候」との印象をもつに至ったのである〔『国民之友』三〇四号（一八九六年七月一一日）五八―五九頁；三〇七号（一八九六年八月一日）二六四頁〕。ちなみに、シンガポールでの中国人の力について、南洋及日本人社が後に（三八年）刊行した『南洋の五十年――シンガポールを中心に同胞活躍』という本は、「此植民地が人口稀小にして支那人に依らざれば何事も出来ない事情にある」と説明している〔南洋及日本人社編、一九三八、八三頁〕。

香港やシンガポールをめぐる同様の見解は、一九〇八年にヨーロッパからの帰途帝国航路を通った桜井鷗村にも見られる。彼は、「支那人と云う奴は豪《えら》いものだ。英国人をして、この崎嶇《きく》たる〔地勢がきびしい〕島嶼の間に東洋屈指の港を築かせ、由来瘴癘《しょうれい》〔気候や風土のため起こる熱病〕の毒気多かりし地を化して、健全なる都会を成さしめておいて、而して此地の商権を我が掌中に収めつつあるのだ」〔桜井、一九〇九、五七二頁〕と記している。イギリスの支配下に入っていることは確かであるものの、したたかに経済力を発揮している中国人の姿が、このように何人もの旅行者の脳裏に焼き付いたのである。

ヨーロッパ勢力と中国人とが直接に踵《きびす》を接していた場において、ここに述べてきたような印象を抱いた人々が少なからずいた、という点は忘れてはならない。しかし、中国の人々の底力についてのこういった認識が、結局のところそれ以降の日本の対中国姿勢、対アジア姿勢には反映されることはなかった。その後の日本の姿につながっていったのは、寄港地において感じるヨーロッパの力に日本がいかに取って代わるかという、ヨーロッパとの競合意識、植民地統治拡大への願望であった。

四　ヨーロッパとの競合と植民地統治策

ヨーロッパと競合する日本像

池辺三山がフランス遊学中の旧藩主細川護成補佐のためにヨーロッパに向かったのは、日清戦争前の一八九二年のことであった。彼はフランスの郵船を利用したため、サイゴンにも立ち寄ったが、そこでガンベッタ（第三共和政の確立に大きな役割を演じたフランスの政治家）と見られる二つの銅像を見た。それは、彼がそれまでの道中、上海で見たパークス（対中、対日政策で活躍したイギリスの外交官）の像などと合わせ、「我が東洋を蹂践《じゅうせん》〔蹂躙《じゅうりん》〕せし賊にこそあれ決して功徳ある者」ではなかった。池辺はそれらを打ち倒したいという願望に強くかられたのである〔池辺、二〇〇二a、一二三頁〕。

日清戦争中に池辺がパリで感じた高揚感については前述したが、戦勝に示された日本の力をさらに伸長させ、ヨーロッパ列強とりわけイギリスと競合する帝国を作り上げていこうとする姿勢が、この時期の旅行者には非常にはっきりと見られた。一八九二年にシベリアを単騎で横断して名をはせた陸軍軍人福島安正が、日清戦争の直後九五年秋に訪欧した際、コロンボで、セイロン人、インド人と会話を交わしたところ、彼らは日本の戦勝をしきりにたたえた。彼らも強くなりたいのかと福島が尋ねると、「彼等悄然として曰く、昔しは強かりしが国は英に亡されたり、我々今や君主なし、皆な貧困にして如何ともする能わず。嗚呼日本の軍隊が此辺まで来りしならば、我々は如何に愉快ならんと」

図 14　上海のパークス銅像(鄧明主編『上海百年掠影』上海人民美術出版社，1994 年，54 頁)

図 15　サイゴンのガンベッタ銅像(HISTORIC VIETNAM: Tim Doling's heritage portal　http://www.historicvietnam.com/gambetta-monument/)

との答えが返ってきたという〔福島、一九三五、三二四―三二五頁〕。福島はここで、「毎度ながら亡国の民ほど慨然なる者はあらざるなり」とやはり「亡国の民」について慨嘆しつつ、同時に、日清戦争に勝利した日本がそのようなアジアの人々を救いうる存在として捉えられているとの認識を強めたのである。

翌九六年に欧米旅行に出かけた逓信官僚田健治郎は、コロンボで人々の奴隷根性を嘆きつつ、「西洋人の東洋に来るもの、先ず斯《かか》る有様を各所に目撃し、東洋一般皆な然りと速了し、我日本をも同一様なりと誤認するもの蓋《けだ》し鮮《すくな》しとせず。今や東洋の汚辱を洗雪《せんせつ》する〔はらす〕の責任に堪うるもの唯一日本人あるのみ、鑑みざるべからず」〔田、一八九八、三六頁〕と日記に記した。この田は第一次世界大戦後の一九一九年から二三年にかけて台湾総督〔最初の文民総督〕をつとめることになる。

九八年にフランス船で旅した建部遯吾も、サイゴンの現地人や同船していたインド人を見て、「〔中国人以外の〕東洋に国する民衆、概して皆疎懶《そらん》〔なまけること〕無気力、洵《まこと》に情無き状態に有之候。東洋の振興など今更事々敷《ことごとしく》並べ立つるの要なきも将来世界の文明に対する日本国民の天職の至重なるは、一たび境を出でて益々其然るを感じ候」と、アジアにおける日本の将来の位置の重要性を改めて感じた〔建部、一八八九、二八頁〕。その建部は、滞欧中に訪れたパリ万国博覧会〔一九〇〇年〕で、日本館が英領植民地の隣の小さな館であったことに大きなショックを受け、日本帝国がいつの間に外国の属国になってしまったのか、と嘆いた〔建部、一八八九、二九九頁〕。一九〇〇年は、義和団運動鎮圧に日本軍が加わることで、帝国主義列強間における日本の位置が大きく上昇した年であるが、アジアでの帝国主義大国化の願望と、日本の存在感の現実とのギャップはまだまだ大きく、建部はそれを如実に感じ取ったのである。

日英同盟の締結、日露戦争での勝利という経緯を経ても、旅行者はそのギャップを感じつづけた。一九一〇年、ロンドンでの日本博覧会取材のために渡英していた大阪朝日新聞のジャーナリスト長谷川如是閑《にょぜかん》は、帰路に帝国航路を用いた。その旅行記は、『倫敦！ 倫敦？』にまとめられた。ロンドンでの彼のイギリス観察は、地域、施設、建築、議会、人物などさまざまな範囲にわたり、鋭い眼光と豊かな背景知識を示す諧謔あふれる巧みな叙述に結実している。また帝国航路での記述を見ても、たとえばジブラルタルについての、「大岩壁の脊から腹から頭から足の先まで大砲で埋まっているのだから、何の事はない大栄螺《おおさざえ》の裡に爆発薬を塡《つ》めて、地中海の入口に倒《さか》さにして置いてあるようなものだ」という表現など、実にツボにはまっている。その長谷川は、船が香港に入るに当たって、「ツクヅク忌々《いまいま》しく感じた」。それは、「西洋の果から東洋の果に来るに、その間常に英国の警察権を脱する事が出来ないではないか、同盟国とは申せいささか妒《や》けざるを得な」かったからである。そして彼は、ヨーロッパはイギリスのモノポリー（独占的支配力）の下にあり、アメリカ大陸は米国のモノポリーの下にあるとして、「東洋にはいまだ独占者が出来上らないので始終危うい雲が揺らめいている訳である。我が日本の使命が東洋の平和を確立するにあるならば、どうしてもその東洋の平和をモノポライズしなければ論理《ロヂック》が合わない」との結論に達した［長谷川、一九九六、四三一、四七二―四七三頁（ルビ原文）］。

長谷川がこのように感じた一九一〇年の秋は、日本による韓国併合のすぐ後のことであった。その翌年一一年春に乃木希典の随員として帝国航路を旅した吉田豊彦は、ペナンまで行き着いたところで、シンガポールやペナンなどにはかつて大和民族が往来していたが、江戸時代の鎖国政策でそれが途絶えてしまったと嘆きつつ、日本がめざすべき姿を次のように記している。

今日迄東洋に於ける若干の港湾を見物したる結果を綜合するに我が商権の発達の点に於て上海は恰《あた》かも前衛本隊、香港、広東は前兵、新嘉坡《シンガポール》は前兵支部、彼南《ペナン》は僅かに歩兵尖兵か斥候位に相当せるが如し。更に我勢力を拡張し少なくも香港、広東を以て前衛本隊、新嘉坡、彼南を以て前兵、印度諸港を以て前兵支部とし少なくも我歩兵尖兵は「スエズ」を経て地中海に進出する如くならざるべからず[吉田、一九九四、二五五―二五七頁]。

ジャーナリスト長谷川がいう「東洋の平和をモノポライズ」するということの具体的な意味は必ずしも明らかではないが、陸軍軍人(当時は陸軍中佐)吉田が描くアジアでの日本の将来像は明確である。そして実際のところ、その後の日本は吉田が考えたような形で勢力を拡大していき、「東洋の平和をモノポライズ」することを標榜した大東亜共栄圏建設へと行き着くことになるのである。

植民地統治モデルの模索

台湾領有に始まり、日露戦争での南樺太獲得、韓国の保護国化から併合へという歩みをつづけていたこの時期の日本にとって、アジアでの勢力拡大はすでに夢ではなく現実的な将来像であった。帝国世界での支配国陣営に参入していく国として、どのような帝国支配策、植民地統治策をとっていけばよいかということも、少なからぬ旅行者が帝国航路の途上で考えるようになった。

植民地統治の術に関心を抱きながら帝国航路をたどった人々は、総じてイギリスの植民地統治策を高く評価し、日本もそれに学ぶべきであるという見解を抱いた。

日本が台湾で植民地領有を始めた直後の一八九六年に帝国航路をたどった徳富蘇峰は、香港から大隈重信に宛てた書簡で、「当地に来りて感じたるは自由港の恩恵に候、それと支那人の勢力に候、それアングロサキソン人の規模と富とに候、台湾に処する道は此の香港を殷鑑《いんかん》〔手本〕として余りありと奉 存 候《ぞんじたてまつり》」と記し、さらにその一週間後のシンガポール到着前にも「香港は台湾経営に好模範を与え候事と奉存候〔中略〕何卒閣下膨張的大日本の経綸を実行し給う日あるを 奉 祈 候《いのりたてまつり》、日本より一寸歩み出す毎に其の感尤も深きを加え申候」と書いた〔杉井、一九七七、二七一―二七二頁〕。その二年前の九四年に『大日本膨脹論』を著して、「日本国民の膨脹す可き命運を論じ、膨脹せざる可らざる必然の大勢を論じ」ていた蘇峰は〔徳富蘇峰、一九七四、二四五頁〕、香港を自由港として繁栄させているイギリスのやり方にいたく感銘を受けたのである。渡航中の『国民之友』への寄稿文においても、「若し台湾に完全なる良港を築き、その良港を自由港となし、且つ余り煩冗苛察《はんじょうかさつ》〔複雑でわずらわしく、かつ細かく厳しいこと〕に渉《わた》らざる善政を布《し》き、支那人をして其の堵《と》に安ぜしめ、欧米人をして、悦んで我が氓《たみ》たらんとするの情を生せしめば、香港の商業の幾分は、自然の勢よりして台湾に移転するに相違なかる可し」と、香港統治モデルの移植を推奨している（『国民之友』三〇四号（一八九六年七月一一日）五七頁）。

自由港としての統治は、将来の台湾総督田健治郎も同じ年に着目したところであった。フランス船を用いた田はオランダ領スマトラに到着した際、オランダの統治がさまざまな規制を伴うものであることを批判するなかで、次のようにイギリスの場合を引き合いに出している。「之に反し英領に到ては香港、新嘉坡を初めとし総て皆自由貿易港となし税金を徴収せず、亦人民に与うるに自治の権を以てし、公共の利益は人民をして自から之を経営せしむ。故に英領は到る所人口増殖し百貨輻輳《ふくそう》の衢《ちまた》となり坐して商権を掌握するの盛を来す。結果の分るる所斯《かく》の如く著大なり。〔中略〕後の新領地を経営するもの察せざるべけんや」と、イギリスモデルを後発の植民地支配国が見習うべきものとして称揚したのである〔田、一八九八、三二頁〕。

一九〇〇年、大橋乙羽は香港での印象として、「その国を御する、その人を役する、殆んど地曳の網を引くが如く、悠々迫らず、元締を堅くするが故に、久《ひさし》うして、みなその網に罹《かか》らざるはなく、統御の法を得たりというべし」と、イギリスの植民地統治の巧みさを形容している〔大橋乙羽、一九〇〇、二五頁〕。香港でのその印象は、帝国航路全体を対象としても変わることがなかった。帰国後にまとめた文章のなかで彼は、イギリス政府の植民政略には感心せざるをえないとして、香港にせよ、シンガポールにせよ、コロンボにせよ、およそイギリスの植民地となったところは、「其国民の未開なるにも拘らず、其人民の曚昧なるにも拘らず、本国と同じく文明の域に進んで、譬《たと》えば茫々たる荒原も、一度英吉利《イギリス》の殖民地となれば、忽ち立派に開墾せられて、道路は珠を展べたる如く綺麗になり、鉄道は蛛《くも》の巣のように敷かれ、電灯は昼かと思う許《ばか》りに照されて、そうして総ての交通機関と云うものは先ず第一に備わって来るのである」と論じた。それに対し、日本はといえば〔その膨脹の様相を彼は「脹満的膨脹」と呼んだ〕、横浜の立派なイギリス波止場と貧弱な日本波止場を比べてみれば分かるように、「自分の国で第一と誇って居る横浜の港に、自国の船を横着けにする桟橋一つ持たぬではないか、まあ万事は此通であるのに、ただ日本は一等国である、一等国であると誇って、狂奔して居るところではなかろうと思う」という状態だったのである〔大橋新太郎編、一九〇一、二七、三三頁〕。

前述した徳富蘇峰の議論にもあったように、世紀転換期のこの頃には、イギリスによる植民地統治策をモデルとして考えるに際して日本人旅行者の念頭にあったのは、領有を始めていた台湾であった。一九〇〇年末から〇一年初めにかけて帝国航路でヨーロッパから日本への帰路についた池邊義象は、シンガポールから香港までの船中で『英国東洋殖民政策』という本（おそらく、ヂョゼフ・シエレイ・ベール（木村亮吉訳）『於東洋英国植民政策』忠愛社、一八九八年）を読んだ。香港についた彼は、この本に思いをいたしながら、イギリスの植民地政策は妙をえており、その「耐忍実に驚くべし」と感嘆しつつ、「アングロのサキソン人は力あれや　いはきり開き殿つくりせり」という歌を詠み（いうまでもなく、これは、山部赤人の「ももしきのおおみやびとはいとまあれや　梅をかざしてここにつどえり」のパロディーである）、「夢は新領地台湾に及べり」としるしている〔池邊、一九〇一、三七―三八頁（強調原文）〕。

日露戦争は、日本帝国のいっそうの拡大につながったが、戦争直後の一九〇六年、政治家長谷場純孝はおそらくインド洋上で次のような思いを述べた。「東洋に於ける我帝国の位置は、実に欧州諸国に於ける、第十九世の英国に酷似する者あり、否な寧ろ当時の英国よりも、より重大なる、より多望なる責任あるを忘却す可からず」〔長谷場、一九九一、八九頁〕。その際に彼が強調していたのも、イギリスの植民地統治モデルであった。彼は香港においては、その地が「東洋のジブラルタル」と呼ばれる所以は、地形にめぐまれたことに加え、「英国政府の深謀遠慮なる、常に有数の政治家を此の地に優遇し、将来英国が東洋に於ける、政治の中心たらしめんと欲したる設計其宜《そのよろし》きを得たる結果たらずんばあらず」とした。そして、イギリスが植民地政策に用いる方法、手段を、日本は学ぶべきであると論じていたのである。さらにシンガポールにおいては、ジョホールまでの鉄道敷設や、普通教育のみで高等教育はない（ただし医学のみは特別の専門学校がある）教育政策に着目した。長谷場の見るところ、そのような巧みな植民地統治を行っているイギリスの勢力は、さらに着実かつ強固に増進するはずであった〔長谷場、一九九一、六二、七八、八一頁〕。

植民地の人々の民族意識の覚醒につながりかねない高等教育の回避は、実際その後日本が植民地支配の過程で強く意識していくことになる。* しかし、イギリスの帝国支配力はといえば、南アフリカ戦争での苦戦にみられるように、すでに大きな動揺を見せ始めていた。そして一九一四年以降、第一次世界大戦によって、それは新たな試練に直面することになる。

＊イギリスはインドにおいて当初、一八三五年のトマス・マコーリーの有名な覚書にみられるように、高等教育にまでつながる英語での教育によって植民地統治に協力的なエリートを育成することをめざした。しかし、それがイギリスによる支配への不満をもつ人々を生み出していくことになったという認識のもと、その後の帝国統治の過程では、医学などの実業教育に限る形で高等教育を進めていくようになった。

五　第一次世界大戦期の帝国航路

戦火のなかの帝国航路

一九一四年夏に勃発した第一次世界大戦は、帝国航路の様相を大きく変えた。ヨーロッパの各国は帝国航路での船舶運航を停止し、一四年八月二三日にドイツに対して宣戦布告した日本でも、日本郵船は、九月から一〇月にかけてインド洋でのドイツ巡洋艦エムデンの活動のため一時運航をとりやめた。一一月初めにエムデンがオーストラリア艦隊に沈められると日本船の航海は再開されたものの、一五年の年末にマルセイユから帰路についていた八坂丸がポートサイドの近くでドイツの潜水艦によって撃沈された後、ヨーロッパ行きのルートは南アフリカの喜望峰回りに変更された。ただし日本海軍の艦隊は、それ以降の時期にもスエズ運河を経由して地中海に赴いた。日本の参戦直後にイギリス政府は日本海軍に地中海への艦船派遣を要請したが、日本側は海軍の任務は国土防衛であり国外派遣能力はないとして拒絶姿勢をとった。しかし戦局が長引くなかで、ドイツ海軍の活動に悩まされたイギリス側が一六年末に再度日本への海軍派遣要請を行うと、日本側も今度はそれに応える形で第二特務艦隊を編成して地中海に派遣し、連合国側の輸送船護衛に従事させたのである［平間、一九九八、第五章］。

こうした状態のなか、旅行者は当然減少したが、それでも戦火の下のヨーロッパを訪れる人々はいた。彼らが戦時であることを強く実感しながら旅をしたことはいうまでもない。

一五年、民間船がまだスエズ運河を通っていた時期に渡欧した中野正剛は、スエズ運河を航行中、トルコ側（オスマン帝国は一四年秋にドイツ側に立って参戦していた）からの狙撃のおそれがあると聞かされ、運河を防衛しているインド兵について記録にとどめている。ただし、中野がスエズ運河を通った一五年四月時点では、ポートサイドの港こそ軍艦の出入りが多く厳重な警戒がしかれていたものの、まだ地中海は危険区域とはなっていなかった［中野正剛、一九一七、四一〇―四一五頁］。

その翌年、航路が喜望峰経由になってからの旅行者に、フランス文学者の吉江喬松がいる。出発前、パリも戦火で危うくなる可能性があるとして、渡航をやめるようにという助言が八方から寄せられたが、彼は一六年一〇月に出発してパリに向かった。彼が乗船した日本郵船の宮崎丸の船首には大砲が備えつけられ、乗客は、インド洋を航海中にも、また喜望峰を回って後の大西洋上でも、ドイツの潜水艦に襲撃された場合に備えてボートを水面におろす訓練を重ねた。インド洋での訓練はまだ遊びの要素があったが、大西洋でのそれは真剣であると、吉江は記録している。実際、吉江の旅は無事だったものの、宮崎丸はその次の航海の際、大西洋で撃沈された〔吉江、一九四七、二四二、二四八、二六一、二七五頁〕。

帝国航路を通って地中海に連合国の船舶援護に赴いた日本海軍艦艇の旅については、海軍中尉片岡覚太郎がユーモア感覚の溢れる筆致で記した遠征記を残している。彼が乗った駆逐艦松は一七年二月に佐世保から出発したが、佐世保の市民は、彼らが遠くに行くにしてもせいぜいのところシンガポールの警護程度であろうと思っていたという。そのような意外性をもった任務に出かけるに際して、片岡は、「生きて還ろうという気は毛頭ない」と息巻き、「吾人が行くのは戦争が目的だ。〔中略〕何かというと二口目にはジャップと軽蔑した西洋人の鼻先に、ジャップが自分で拵えた艦を持って行って、骨のあるジャップの腕ッ節を見せてやる。世の中にこれ程愉快なことがまたとあろうか」との気焔をはいている。松も加わる第二特務艦隊はシンガポールで集結して地中海に向かったが、片岡は、アラビア海では中井桜洲の漢詩（コラム1参照）を想起し、紅海での艦隊教練に際しては、「亜細亜、阿非利加両大陸の間に横《よこた》わる海面の広い範囲を、旭の御旗が圧迫して、現実に帝国の実力の下に置いていることは実に痛快である」との感想を抱いた〔片岡、二〇〇一、二五、二八、二九、六四、六八頁〕。

その少し後の一七年四月から巡洋艦日進の水雷長としてインド洋でのイギリス船護衛の任務についたのが海軍中佐白戸光久である。白戸は、その護衛を終えて西オーストラリアのフリーマントルで補給と休息をするはずであったにもかかわらず、それを断られ、別の港アルバニーに向かわされるという経験をすることになったが、イギリス船はフリーマントルで補給を受けていた。そこで彼は、「濠洲官憲の不親切なるを感じ此偏僻《へんぺき》なる植民地さえ排日思想の弥蔓《びまん》せるを知り又しても憤慨」した〔白戸、一九二〇、一五二頁〕。このような経験をした後に、白戸はいったん日本に戻り、九月にフランス船をポートサイドまで護送する旅に出て、スエズ運河を経由して地中海に向かった。白戸は、衆議院選挙法が現役軍人に選挙権を与えていないことを強く批判するなど政治意識の高い軍人であり、「軍艦旗の進む所常に商権の伴うものなり」という考えをもっていた。その彼の眼には、ポートサイドの現地人は品位のある国民としての自尊心を欠いた存在と映り、彼らが独立を失った状態にあるのはやむをえないと彼は感じた。ただ、そこで同時に眼にした日本人の体格の貧しさや姿勢の悪さをも彼は慨嘆せざるをえなかった。さらにポートサイドからの帰途立ち寄ったシンガポールでは、娼婦が目立つのみで成功した日本人は発見できないとして、「新興の品位ある国民を以て自任する吾人は、同胞が海外の街路に粉黛《ふんたい》〔おしろいとまゆずみ〕を施して媚《こび》を売りつつあるを見る時、一等国民たるの自負心を甚だしく毀損されたるを感ずると同時に、営利の外眼中に何物もなき我利亡者連の国家の体面を汚損するの甚だしきを慨せざるべからざるなり」と歎息した〔白戸、一九二〇、一一〇、二二八、二五〇頁〕。大戦を担う一翼としての日本の力の上昇を実感するがゆえに、寄港地での日本人の姿を見る彼の眼は厳しいものがあったのである。

イギリス帝国の動揺

第一次世界大戦は、イギリスをはじめ戦争に加わった各帝国が、それぞれの帝国内の人員や資源を動員して戦う戦争という様相を呈した。筆者はそれを「帝国の総力戦」と表現してきた〔木畑、二〇一二〕。イギリス帝国でもインドから一〇〇万人を越える人々がヨーロッパや中東での前線に動員されるなどしている。帝国主義列強の支配力が広がっていた中国からも多くの人々（一四万人に及んだ）が、まずフランスによって、次いでイギリスによって、ヨーロッパに労働要員として運ばれた。

一九一七年、神通丸のベテラン船長加藤久勝は、神戸から大連を経てシンガポールに至る航路で、本来なら大小の船があいついで通っているはずの海上に「船影の寂寥たる」ことに驚きつつ、コロンボに着いた。そこで彼が眼にしたのは、「支那人を満載」した「某国の大汽船数隻」である。彼はその光景に次のような印象をもった。「その何れに向うかは茲《ここ》に説明の要はあるまい。素っ裸で、全身銅色の支那人は、甲板の上に下に、さては船橋の上にも、溢《あふ》るる計りに充満し、余積の剰《あま》す所、何れも支那人ならざるなく、蠢々《しゅんしゅん》として動くさま、当年の奴隷売買船を彷彿せしめるのである」。そして、地球は白人のために作られたものと思う白人たちはこれまで中国人を世界の随所に放逐してきたが、「今や戦乱に余儀なくせられて、其の失わるる壮丁を補充せんが為めに特に船を艤《ぎ》して之を遠き西欧洲に輸送するのである」〔加藤久勝、一九一八、三三、四六―四八頁〕と彼は看破した。彼のこうした観察は当を得たものであり、その観察は、ヨーロッパ到着後フランスで見た光景によってさらに裏づけられた。加藤は、そこには、イギリス、フランス、米国、ロシア、さらにモロッコ、アルジェリア、インド、インドシナからの兵隊たちがおり、見られないのは日本兵のみとしたうえで、こう記している。

南支那より徴募したる広東人が、仏兵士の軍服を不恰好《ぶかっこう》に一着に及んで、肩端《けんたん》風を起して闊歩する状は聊《いささ》か滑稽であった。若《も》しそれ軀幹《くかん》堂々たる印度《インド》兵に至りては、幾年英国の羈絆《きはん》を脱し得ず、隷属の屈辱を忍ぶが中に、今や徴されて、戦線に立つの哀れは、無言の悲壮でなくして何であろう。産物の饒多《じょうた》なる、人民の悍勇《かんゆう》なる、英国の宝庫と称されながら、国亡び、独立失われては、復《ま》た策の施すべき所なく、ただ維《こ》れ命維れに従う従僕に過ぎない。吾等は彼等印度兵の為めに、一掬《いっきく》同情の涙なきを得なかった［加藤久勝、一九一八、一〇六頁］。

「帝国の総力戦」はそれに対する抵抗を生み出した。帝国航路に関わって特筆すべき事例は、一五年二月一五日に、シンガポールに駐留していたインド人のムスリム兵士が起こした反乱である。インド兵の動員についての情報はシンガポールにも入ってきており、香港への移動を命じられた兵士たちが自分たちもヨーロッパの戦線に送られるのだという噂を信じて、反抗に踏み切ったのである。この反乱は、日本海軍やシンガポール在住の日本人もイギリス側に協力するなかですぐに抑圧されたが、現地には大きな衝撃を残した。

その翌月三月末にシンガポールを訪れた中野正剛は、インド兵反乱の現場を通りかかり、「道は漸々狭くして、両側の樹木は益々高し。鬱蒼たる樹蔭、月光を遮る所、曩《さき》に叛乱せる印度兵が、白人を狙撃したる跡なりと謂う。往来全く絶えて人声を聞かず」と記している。その現場を離れた後、中野はこの反乱鎮圧にイギリス側が日本人の手を借りたことにも思いをいたし、「英国人は常に有色人種を軽侮すれども、現に有色人種たる日本人の力を借るに非ざれば、同じ有色人種たる印度人、支那人、馬来人を統御する能わざるなり」と論じた。さらに彼は、この反乱自体は瑣事ではあったが、「英人の周章狼狽せしことは、著しく土人の侮蔑心を助長せり。〔中略〕今まで白人を鬼神と畏れし土人等、漸《ようや》くにして其の与《くみ》し難からざるを感じ来りし際、気取屋なる英人は、猶《なお》冷然として平気を装うを得るか」と「帝国の総力戦」のほころびが意味するところについて、鋭い観察を行った〔中野正剛、一九一七、三七一、三八七、三八八頁〕。

インド兵反乱から一年余りたった一六年八月にシンガポールに寄港した水野広徳（海軍軍人であったが、私費で渡欧）は、前年の「土人」の騒擾以来、イギリスの官憲が外国人による警戒心を強めており、日本人に対する警戒もはなはだ厳しいものになっている、という印象を抱いた。中野同様、水野もまたこの見聞や、イギリスに対抗してアジア人の団結が必要であることを語る甲板乗客のなかのインド人との接触などから、イギリスの支配力の揺らぎを感じとった。シンガポールでの警戒にみられるようにイギリスは日本人を厄介視しているが、インド人の反英気分、独立志向が年々強まっているのは事実であり、「日本人に対して圧迫を加うるに先《さき》ち、印度人に対する爾《なんじ》の圧迫を緩めよ。〔中略〕日本人を疑うに先ち、爾に対する印度人の怨言を聞け」というわけである〔水野、一九二二、九六、一四五、一七一―一七二頁〕。

中野にせよ水野にせよ、イギリスの植民地統治のやり方が巧みであることは認識していた。中野は、シンガポールの後ペナンにおいて記した感想のなかで、植民地においてイギリスが窮屈な取締規則など設けず、現地人による新聞発行を認めるなど言論刊行の自由を許容し、行政も非常に簡易であること、イギリス人官憲が植民地の人々に対する際は民意を尊重してそれを酌量する姿勢を示していること、などをあげてその統治の腕前が見事であると論じた。彼によると、そうしたイギリスの植民地統治にみられる状況は、日本の朝鮮総督などが思い及ばぬところであり、日本の官憲の姿勢と全く異なるものであった[中野正剛、一九一七、三八九―三九一頁]。また水野は、香港において、イギリスの政策で見逃せないのは植林事業であるとして、「其の能く岩石を化して緑林と為したる、英人の熱心と努力とを驚歎」するとしている。また、コロンボでは、イギリスが現地人の中の富豪などを懐柔して彼らの勢力を利用して一般の人々を支配していることに着目した[水野、一九二二、八五、一七〇頁]。

そのように巧妙な統治策をとりながらもイギリスの植民地支配は確かに動揺していると、彼らは感じ取った。中野は、セイロンで白人批判を公然と行う一人の青年に遭遇した後、この大戦でドイツ側が頼みにしていたインド人の反乱は起こらなかったものの、インド人は「惰眠的生涯」から「奮闘的生涯」に入ろうとしているとして、イギリスのインド支配の前途を楽観するのは誤りである、と感じた[中野正剛、一九一七、四〇三―四〇四頁]。水野も、今述べたイギリス人による現地人支配の仕組みは有力なやり方かもしれないが、支配下にある人民がいったん自覚すると植民地統治への反抗はそれだけ大きくなる、と考えた[水野、一九二二、一七〇頁]。

イギリスの植民地統治の動揺については、フランス文学者吉江喬松が興味深い観察をしている。彼は喜望峰経由のルートをたどったが、大西洋に入ってから寄港した西アフリカのフランス植民地セネガルのダカールにおいて、それまで経由してきたイギリスの植民地と比べてその地がいかにも寂しいという感を抱きつつ、次のように記した。

英国の植民地と仏国の植民地の相違は、一方が繁栄を見せながらも、何となく不安があり、このままでいつまでも続いてゆくのではなかろうと思わせる点と、他方が休止の姿を呈しながらも、その中に一種の親しさと心安さのある点、それである。／英国の植民地にあっては、英人が何処までも支配者であり、別な階級をつくって君臨している。繁栄を呈しているのは商店だけである。治者と被治者の間に、生活が二重の階級を見せている。雑婚がない。仏国の植民地には、両者の間から生れた子供が町を歩いているのが屡々《しばしば》眼につく。此処には栄えゆく商店はなくとも、少くも両者の間をつなぐ生活がある。同化がある。親善がある。心安さがある。一団となって溶けて行く姿がある［吉江、一九四七、二五四―二五五頁］。

日本の将来

帝国航路でこのようにイギリス帝国の姿を見た眼は、アジアにおける日本の将来をどのように展望したのであろうか。

中野正剛は、シンガポールでラッフルズの活動に思いを致しつつ、「嗚呼今日の世、南洋に於ける列国の縄張りは既に確定せられたり、然れども通商貿易、拓地栽培の業に至りては、吾人日本人の活躍し得べき天地甚だ少からず」と論じた。そして、ポルトガル、スペイン、オランダの例をみれば、イギリスもいつまでも陽の沈まぬ領土を持ち続けられるかは疑問であるとして、「敷島のヤマト男子は、新嘉坡の埠頭にスタムフォード・ラッフルスの銅像を仰ぎて、決してアングロ・サクソンを羨やむを須《もち》いず。経済的に新天地に活動して、人道的に異人種の圧迫を排し、東西の人種を同じ水平線の上に立たしむべき使命は、吾人が双肩に懸れるなり」という思いを抱いたのである〔中野正剛、一九一七、三七四―三七五頁〕。彼の息子中野泰雄は父についての評伝のなかで、「昭和十七年(一九四二年)二月、シンガポールを日本軍が攻略した直後に、緒戦の戦果を利用して、戦争を終結させようとする動きに加担した時、かれの胸中に去来したのは、この思想ではなかったか」と、この表現を受け止めている〔中野泰雄、一九八八、一七三頁〕。

その思いはさらにペナンを経由した後には、「白人の上に黄人国を建てんは、決して吾人の理想に非ず。果して驕《おご》るなく、果して強うするなく、東西の両人種、同じ地平線上に居りて、共に人類の楽を楽まんとするなり」という表現をとることになる。中野は、日本を出発してからの航路で見てきた「有色の人々」が「相率いて我を慕い、我風を望みて起たんとするあるを見るの時、独り窃《ひそ》かに会心の笑を漏らさざるを得」なかったのである〔中野正剛、一九一七、三九五―三九六頁〕。

中野がこのように、イギリスをはじめとする白人の勢力とアジア人とを「同じ水平線」、「同じ地平線」に立たせるための指導的存在としての日本を夢見たのに対し、海軍中佐白戸光久は、コロンボで、現地の人々が好感をもって接してくると受け止めるなか、中国人とは違ってインド人は少しではあれ「国家的観念」を備えているとしつつ、彼らは日本に「東洋の宗国として暗に依頼せんとする念あるが如し」と感じた〔白戸、一九二〇、一三九頁〕。また神通丸船長加藤久勝は、日本海軍による連合国船舶の護衛状況に触れながら、「戦乱一度び収まり、欧洲の空に熙々《きき》たる旭光輝くの日、十億の有色人種は、果して戦前の如く、白人の定めたる白人対有色人論理の下に、依然として柔順なる童僕であろうか。／彼等は日露戦争に於て、思想上甚大の刺戟を受け、今復《ま》た欧洲戦乱に際し、親しく白人と伍して砲煙の間に馳せ、何物かの自覚を摑《つか》んで居るではなかろうか」と日本が指導的地位につく形でのアジアの変革を予期した〔加藤久勝、一九一八、一一八―一一九頁〕。そのような加藤にとって、日本への帰路、南アフリカで有色人種として上陸を許可してもらえなかったことは、激しい恥辱であったし、シンガポールでの娼婦をはじめとする日本人の有様は、慨嘆に耐えないものであった。「天草娘子軍《あまくさじょうしぐん》の百鬼昼行《ひゃっきちゅうこう》〔百鬼夜行のもじり〕的醜態に至っては、言語に絶す」と加藤は考え、「天涯の此地に恥曝《はじさら》しつつある彼等醜業婦の力に拠らずんば、独立さえ出来ない日本民族は、何たる腑甲斐《ふがい》なきものであろうか」と嘆いている。列強と呼ばれる国がこぞって熱帯に植民地をもっているなか、日本は「此に百《ひゃく》尺竿頭《せきかんとう》一歩を進むるの要」がある、と加藤は論じたのである〔加藤久勝、一九一八、二五二、三二五、三二七、三四一頁〕。

このように、第一次世界大戦期の帝国航路は、ヨーロッパによる支配力の揺らぎを印象づけ、日本の将来への期待を高めさせたが、中には異なる形で日本の位置を確認する旅行者もいた。その例として、島崎藤村を取り上げてみたい。

藤村は一九一三年にフランス船でフランスに渡り、第一次世界大戦の開戦をパリで迎え、一六年に帰国した。この旅の記録は、帰国後に『海へ』という文章としてまとめられた。それによると、渡欧の途上、まず寄港した上海で藤村は、その地もまだ日本であると感じたという。「私は、世界に於ける一等国の国民というようなことを無暗と振廻して欧羅巴《ヨーロッパ》人の仲間入をさも誇りとしたり無智な支那人を擲《なぐ》ることを得意としたりするような左様《そう》いう同胞の全く居ないところへ行きたかった。私は一切のものを忘れたかった。愛する日本を忘れたかった」と彼は記している。藤村の渡欧は私的事情に迫られてのものであったが、彼は日本を強く愛しつつも、ヨーロッパの仲間入りをしたとして自国を大国視しはじめた日本からは離れたいと思ってヨーロッパに向かったのである。その彼も、アラビア海での航海中に、同船した一人のユダヤ人から、中国や朝鮮での日本の植民政策を非難され、日本人は利口すぎると批判されると、「愛する国を忘れたいと思って出て来たほどの私も、旅の空でこんな言葉を聞いては小癪に触った」と、正直な感懐を残している［島崎、一九六七a、一五―一六、三七頁］。

長い航海を終えてフランスのリヨンに到着した藤村は、神戸出発以来立ち寄ってきたイギリスやフランスの植民地（彼はサイゴンやジブチに立ち寄った）について、そこで見てきたものは「欧羅巴の方から移植した、不純な、殖民地風のものばかりであった」と振り返っている。リヨンに着いてはじめて、「純粋なものの有るところ」へ来た、という感覚を彼は抱いた［島崎、一九六七b、二〇六頁］。

それから三年余り藤村はフランスで暮らすことになるが、その間にヨーロッパは大戦に突入した。小谷汪之によれば、フランス滞在中の藤村は、自らを西欧近代に向き合うものとして意識すればするほど、民族を思い国を思う心を引き出されていった［小谷、一九九一、六五―六六頁］。

その滞欧経験を背に一六年七月ロンドンから日本郵船の熱田丸に乗って喜望峰経由で帰国の途についた藤村は、南アフリカのケープタウンに立ち寄った際、「欧羅巴を見た眼で斯《こ》うした亜弗利加《アフリカ》の殖民地を見ると、すくなくも向うには純粋なものがあり、ここには外来の勢力を無理に押し込んで造りつけたような濁ったものがある」という印象を抱いた。純粋なヨーロッパと、そこから不純なものを無理矢理押しつけられた植民地という対比は、藤村が一貫して抱いていた世界像であった。そして彼は、「斯うした殖民地を見た眼でもう一度自分の国を見るということが何となく気がかりになって来た」〔島崎、一九六七a、一〇五頁〕。

日本をめぐるそうした思いは、『海へ』のなかでエトランゼエと藤村が呼ぶ人物（実在の人物ではなく、小谷が指摘するように、藤村がいわばもう一人の自分として作り出した人物）と藤村自身との間の会話に示されている。エトランゼエが、長崎や神戸がよくシンガポールのようにならなかったものだと言うのに答える形で、藤村は、インドやエジプト、トルコには古代と近代しかないが、日本には封建時代があり、日本の兵隊が強いのも封建時代から伝わったからである、「僕等の国が今日あるのは封建時代の賜物じゃないかと思うよ」と答えている。彼は、帰国後に京都で記した感懐のなかでも、イギリスの植民地の広がりに触れつつ、そこで活動するイギリス人植民者の質の悪さ（「無遠慮で、横着で、成金的である」）を指摘した。植民地ではそのような人々が跳梁し、外観は繁昌していても内部が零落しているというのである。日本がそのような植民地になることを免れたのは、「封建制度が遺して置いて行って呉れたものの近代化」のおかげである、と藤村は論じた〔島崎、一九六七a、一二一、一七五頁〕。

このような眼でヨーロッパ諸国の植民地支配を観察するとともに、日本の位置を見直そうとした藤村にとっては、日本がヨーロッパ列強に対抗してさらに強大な帝国を築くべきであるといった考えは無縁であった。藤村の分身エトランゼエは、上海に着いたとき、その地も半分植民地であると指摘し、「まあ、真実《ほんとう》の独立したものは神戸まで行かなくちゃみられないかナ」という藤村に対して、「帰って行って見給え――君の国の神戸が殖民地のように見えなかったら仕合《しあわ》せだ」と半分からかうように笑った〔島崎、一九六七a、一四五頁〕。島崎藤村は、植民地化された地域と日本は異なるとしつつも、一方でそこに通底する要因を強く感じていたのである。

しかし、日本帝国拡大への志向性は、第一次世界大戦が終わった後に帝国航路をたどった人々の間では、さらに強まっていくことになる。

コラム……3　香港・シンガポールに眠るからゆきさん

一九世紀末から第一次世界大戦期まで帝国航路の寄港地で日本人の存在感を示していた娼婦たち(からゆきさん)の多くは、現地で命を落とし、そこにひっそりと眠っている。香港とシンガポールで、彼女たちの墓を訪れてみた。

香港では、競馬場に面した香港墳場(墓地)に彼女たちの墓がある。この墓地には中国人も葬られているが、大半の墓はイギリス人のものである。墓地の一角に日本人の墓ばかりの区画があるのをみつけたが、からゆきさんの墓とおぼしきものはすぐには見当たらなかった。区画の端まで行ってうろうろ探していると、大正八年に香港日本人慈善会が建立した立派な碑の少し先にまだ道があることに気づいた。その道を進むと、胸を打つ光景が眼前に現れた。そこは行きどまりの小さな空間で、通常の墓石が四つと数字が彫られただけの小さな石が二五ほど並んでいる。こうした石は、きちんとしたお墓の前にも一つずつ埋められていたため、墓の番号を示す石だろうと思っていたが、ここにあるのは、死者の名前を記した墓石のない、番号を刻んだ石だけだったのである。

からゆきさんの眠る地である。何ともいえない空気のただよう、閉ざされた感のある場所で、番号のみの小さな石の列を前に、しばし言葉もなくたたずむ以外になかった。その後気をつけてみると、香港日本人慈善会の碑の周辺などにも、この石が点在していた。

シンガポールでの彼女たちのお墓は、中心部から少し北方のセラングーンの日本人墓地公園にある。この墓地はもともと一八九一年に二木多賀次郎という人物がシンガポールで雄図半ばに倒れた人々の身上を憐んで、自分が所有していたゴム林と隣接の公有地を日本人専用墓地にすることをイギリス側に要請したときにさかのぼるという。斎藤茂吉は一九二一年、留学への往路でここを訪ね、「「にほんじんはかの入口」の標《しるし》あり遊子《ゆうし》樹《じゅ》といふ樹さへ悲しも」とうたっている[斎

図16　香港に眠るからゆきさんの墓地

藤、一九五二、三四六頁〕。第二次世界大戦後は敵の財産として没収されたが、その後曲折を経て、一九八七年に現在の墓地公園が落成した。

よく手入れのされた緑豊かな墓地公園だが、そのいくつかの部分は、小さな四角柱の石が点在し、それと普通の墓石が混在する形となっている。この小さな石こそ無名のからゆきさんたちのお墓である。これについては、次のような説明のプレートがあった。それによると、からゆきさんの中には貧困のうちに病没した者が多く、墓は大半が木標であったが、年月がたって朽ち果てたので、日本人会である共済会が無名のまま「精霊菩提」とのみ文字を刻んだ小さな墓石を建てたという。確かにいくつかの墓石では、その四文字を読むことができた。木標とは違って朽ち果てることこそないものの、傾いてしまっている石も多く、からゆきさんたちの嘆きがまだそこここに漂っているような感じであった。

さらに、普通の墓石の形をしているものの中に、「妙＊信女」という名前が彫られたものが多くあり、これもまたからゆきさん（ただし無名ではない）の墓で

図 17　シンガポールに眠るからゆきさんの墓地

ある。たとえば、妙経信女、妙虔信女、妙衡信女、妙高信女といった具合である。

　からゆきさんが墓地の片隅に押し込められていた香港に比べると、シンガポールでは彼女たちの墓が主役で、それに他の人々のお墓が混ざっているという感すらあり、全体としての印象はかなり異なった。ちなみに、一九〇八年に朝日新聞特派員としてロシアに渡り、病をえて翌年帝国航路で帰国の途次インド洋で死を迎えた二葉亭四迷の墓（遺骨が葬られているのは東京の染井霊園であるが、シンガポールにも墓が建立された）は、この墓地公園の最も奥にあり、からゆきさんたちの眠る空間を睥睨《へいげい》している。

第V章

ヨーロッパへの挑戦——一九二〇～三〇年代

一　帝国世界再編期の旅

帝国世界の危機と再編

第一次世界大戦によって、帝国世界の様相は大きく変わった。戦争に敗れた諸帝国は解体し、中東欧ではハプスブルク帝国の後に新たな諸国が誕生した。そしてドイツ帝国とオスマン帝国の領土は、国際連盟の下で委任統治領としてイギリス、フランス、日本などに委ねられた。当時から「隠された併合」と呼ばれたように、委任統治制度は実質的に委任統治国の植民地領域の拡大にほかならなかったが、それがこうした国際的合意の形をとらなければならなかったということは、時代の変化を示していた。

時代の変化とは、帝国世界の解体に向けての動きが始まったことを意味する。「帝国の総力戦」を経るなかで、植民地の人々の間では、政治的自立性の増大を、さらには独立を求める動きが強まっていった。最もよく知られている例は、インドのガンディーであろう。彼は、インドの自治拡大をめざしてイギリスの戦争へのインド人の協力を推進したものの、その期待が裏切られたことから、反英民族運動家としての本格的な歩みを始めた。植民地支配に挑戦するこのような動きは、第一次世界大戦末期に浮上してきた民族自決論に鼓舞され、またロシア革命後の国際的な社会主義・共産主義運動の進展に後押しされて、帝国世界を動揺させていった。

イギリスやフランスは、このような植民地の民族運動を前に守勢的な姿勢をとっていった。それに対して日本は、赤道以北の旧ドイツ領南洋諸島を委任統治領として帝国版図に組み入れたうえに、中国で勢力を拡大しようとする攻勢的な政策を追求し、一九三一年には満洲事変を引き起こして、翌年、傀儡国家「満洲国」を作り上げるに至った。この日本の対外拡張行動に連動する形で、三〇年代半ば以降にヨーロッパではイタリアとドイツが領土拡大の動きに出た。第一次世界大戦後の帝国世界の構造をこのように攻撃的に作り変えていこうとする動きを、イギリスやフランスはいわゆる「宥和政策」をとることによって一定程度容認し、帝国世界全体としての延命を図ろうとした。しかしそれは奏効せず、世界は第二次世界大戦へと突入していくことになる。前章の冒頭で、帝国世界が完成する時期における日本の位置の重要性に触れたが、二度目の世界大戦開始につながった帝国世界再編過程においても、日本は鍵となる役割を演じたのである。

旅する人の多様化

第一次世界大戦での戦勝国として日本の国際的位置がさらに上昇したことを、帝国航路の旅行者たちはさまざまな形で感じ取った。たとえば、第二次世界大戦後に初の公選東京都知事となる安井誠一郎が、一九二二年、内務省の若手官僚としてドイツ留学の旅に出た時、ヨーロッパに着いてパリで彼がまず感じたのは、戦勝国民は大手を振って歩くことができるという誇りであった。言葉一つ分からなくても、日本にいるような気持でふるまえたのである［安井、一九八六、一二三頁］。大戦後日本円の価値が大幅に高まったため、日本人がヨーロッパで今日でいう「爆買い」にあたる行動に出たこともよく知られている。経済学者脇村義太郎は、この時期に文部省の留学生が生涯で最良の生活を送ることができたとして、「ベルリンで古本屋にゆき、棚を単位に本を買った」という噂について紹介している〔脇村、一九七六、四四頁〕。

大戦の結果苦しむことになった人々、とりわけ革命ロシアを離れたロシア人の存在も、戦勝国民日本人の自尊心をくすぐった。戦争が終わってから半年もたたない一九年五月に、当時開かれていたパリ講和会議での講和条件が日本に不満足なものになると予想しつつ、「帝国の前途の諸問題を研究する」ために訪欧した新聞記者山田毅一の同船者のなかには、四、五人のロシア人がいた。甲板生活をしていた子連れの夫婦もいたが、山田は彼らが革命を逃れてシベリアか外国に出た末に海路で帰国しているとみて、同情の念を禁じえないとしつつ、「死すとも亡国の民たる勿《なか》れ」と記した〔山田、一九二〇、六〇頁〕。やはり新聞記者で、二一年にスイスで開かれた第三回国際労働機関総会に参加する農学者に随行した杉山益一郎は、ロシア革命で家族が四散してしまい、日本に逃れてきたものの結局ロシアに帰ろうとする「哀れな亡命露人一人」と門司から上海まで同船した〔杉山、一九二五、二六頁〕。二二年に欧米周遊の旅に出た歴史家煙山専太郎の場合、フランス船の二等船室で彼と一緒になった船客の大部分は、ボリシェヴィキに帰路をふさがれたため、やむなく大きく迂回して国に戻ろうとするロシア人であった〔煙山、一九二八、八頁〕。同じ二二年に欧米の戦後電気事情視察の旅に出た電気事業家の林安繁が、一等船客の多くが日本人であることを強調しているのと、対照的といってよいであろう。

林は、その日本人一等船客たちの職業を列挙している。それによると、教育家、官吏、時計屋、電気屋(彼自身のことであろう)、ポンプ屋、毛織物屋、絹布商、運送業、陸海軍人、書家、医師(外科、内科、歯科、歯科の中には歯科医術の歴史研究をする篤志家がいた)などが帝国航路をたどっていた[林安繁、一九二三、二五頁]。前章で扱った時期に比べて、帝国航路をたどる旅行者の多様性はさらに増したのである。

皇太子の旅

帝国航路をたどった多様な人々のなかには、皇太子裕仁(後の昭和天皇)も含まれる。皇太子は、一九二一年三月初めに横浜を発ち、沖縄に立ち寄った後、帝国航路でヨーロッパに赴き、五月から七月までイギリスなど五カ国を訪問、七月にイタリアから帰途について九月初めに横浜に帰着した。このヨーロッパ旅行は、皇太子の視野を広げた旅として昭和天皇論において触れられることが多いが、往復した帝国航路での体験については余り語られてこなかった。

皇太子自身は、イギリス到着後に出したメッセージで、次のように述べた。

予は今回東より西に向って世界の大道を旅行し、沿道に於ける英国領の諸港、即ち香港、シンガポール、コロンボ、ポートサイド、カイロ、マルタ及びジブラルタルに立寄るを得、これ等各地に於いて、英国官吏は勿論、其の治下にある人民一般は、誠意予を歓迎し、あらゆる手段を尽して友好的情誼を表示せられたことは、予の感激措く能わざる所である。此等各地においては、著名の場所を見物して、永く忘れ難い印象を得たのみでなく、英国当局の有能な治政を最も雄弁に物語る各種の施設を視察するの好機会を得たのである[(昭和天皇)、二〇一五、一一七―一一八頁]。

もちろんこれは外交辞令であって、皇太子が実際に帝国航路で何を感じたかは分からない。しかし彼の旅をとりまいた寄港地の状況は、この時代の特徴をよく示していた。

それは香港で最もよくあらわれた。『昭和天皇実録』によると、香港では総督主催の晩餐会が催され、総督側としては皇太子自身をもてなすつもりであったものの、朝鮮人活動家がいる上海や広東などが近くにあることや、皇太子外遊に反対する日本人の潜入も容易であることから、皇太子は出席せず、同行していた皇族軍人の閑院宮が代わりに出席したのである〔(昭和天皇)、二〇一五、四一頁〕。朝鮮での三・一運動(その後上海に大韓民国臨時政府が置かれた)からほぼ二年後の日朝関係がここには示されていた。

ただし、外国見学という旅の趣旨もあり、皇太子を失望させてはならないという配慮も働いて、隠密裡の香港上陸は行われた。その際、随行していた侯爵小松輝久が、あたかも皇太子の行動であるがごとく総督の自動車で総督官邸を訪問するというカムフラージュをする陰で、皇太子自身は目立たぬ形で上陸するという、手の込んだ方法がとられた。* この香港上陸で特筆すべきは、日本人がきわめて不潔と感じる中国人街に皇太子が足を踏み入れ、随行していた新聞記者溝口白羊の表現を用いれば、「下級支那人の実際生活を特別に御注意深く」視察したことであろう。皇太子は非常に満足し、「久し振《ぶり》で陸を歩いたので非常に愉快だった。殊に今日は大分学び得た所があった」と語ったという〔溝口、一九二一、八一―八二頁〕。

＊香港のスタブズ総督からイギリス本国の植民地省に送られた報告によると、この方法を提案したのはイギリス側であった(一九二一年三月一八日付、スタブズから植民地省宛書簡、英国公文書館蔵)。

皇太子が秘密裡に行動したのは、シンガポールにおいても同様であった。皇太子の来訪を伝えた三月一八日の『ストレイツ・タイムズ』紙は、香港での旅が「謎めいたものとされた」としつつ、「シンガポールでもまた、皇太子殿下の訪問は謎めいた雰囲気に包まれる見込みである」と報じた。皇太子は、植物園、日本人が経営するゴム園などを見物したが、シンガポール日本人会が主催した晩餐会へは香港のときと同じく閑院宮のみが出席した。溝口の記録によると、シンガポールでの見物に際して、皇太子は道路が整備されていることに感激した。さらに中国人クーリー（肉体労働者）などが石炭を積み込む状況も見学したという。止めようとする周囲に対して、「其穢《きたな》い作業を特別に見学したいのじゃから」と言ったというが［溝口、一九二一、一二三頁］、香港での中国人街見物と併せて、通常の日本人旅行者よりも現地に積極的関心をもつ人物の姿を見ることができる。

皇太子は、シンガポールの次に寄港したコロンボでは、総督主催の晩餐会に出席し、象の行列を見物するなど、ずっと自由な行動をした。その事情について、『昭和天皇実録』は以下のように説明している。

香港、シンガポールでの御日程は秘密を極め、すべてが非公式で、制限されたものであったのに対し、セイロンでの御日程はかなり自由なものとなり、公式行事も行われた。この理由として、朝鮮独立運動の策源地である上海から遠く距たり危険が減少したこと、香港・シンガポールにおいて英国側の警備が信頼するに足ることを実際に体験したことなどが挙げられる。また、英国駐箚特命全権大使林権助の勧告などにより、英国皇帝の指示による英国側の歓迎を無にしたり、英国官憲の警備に疑念を挟む態度は不得策であるとの判断もあった［（昭和天皇）、二〇一五、六三頁］。

皇太子の旅をめぐるこの状況は、帝国航路に反映された当時の日本の力をよくあらわしていた。シンガポールまでの寄港地に落ちる日本の影と、それ以西の地域での日本の影とは、その濃さが全く異なっていたのである。少し後になるが、一九二九年に訪欧した美術史家相良徳三は、シンガポールまでは日本人がいたものの、そこから先にはもういない、と観察し、シンガポール以西は日本の勢力範囲の外である、と結論づけた［相良、一九三一、四八―四九頁］。その様相は、三六年に旅した作家武者小路実篤の場合には、「シンガポール迄は僕の愛読者が居たが、ペナンからはもう僕の勢力範囲（?）ではなくなった」と表現されることになる［武者小路、一九八九b、一五六頁］。

帝国航路のうち、日本の影響力が感じられる範囲において、皇太子一行は強い警戒心を発揮しなければならなかったわけである。そこからイギリスに近づくと、その必要性は減ったが、その反面、イギリス帝国の動揺が強まっていることを一行はエジプトで感じることになった。一八八二年以降名目的にはオスマン帝国の一部であったもののイギリスが実質的に支配国となっていたエジプトは、第一次世界大戦勃発後にイギリスの保護国とされ、名実共にイギリス帝国領となっていた。その状態を脱して独立することをめ

図 18　ピラミッドの前に立つ皇太子と英陸軍アレンビー元帥（大阪毎日新聞社編『皇太子殿下御渡欧記念写真帖 第 4 巻』1921 年，国立国会図書館蔵）

ざす民族運動が、パリ講和会議開催中の一九一九年春に起こり（一九一九年革命、これについては後述する）、その後もエジプトでは不穏な状況がつづいていた。皇太子たちは、カイロでその空気を吸うことになったのである。溝口の記録によると、共奉員が宿泊していたホテルにはたまたま「埃及《エジプト》独立党代表ザクハール・パシャ」（一九年革命の指導者サード・ザグルール）も泊まっており、多くの民衆がホテルの回りで「埃及は埃及人の埃及なり」と絶叫していた。その声を耳にして溝口は次のように感じた。

何という強烈な底力のある叫びだろう。今迄長い間白人は自らの文化を最も優秀な文化と信じ、頭脳に於ても智力に於ても確《たしか》に有色人に優ると信じて、常に有色人を圧迫し、自己の文化を有色人に強要する為に、あらゆる力を揮っていたが、白人は果して有色人を圧迫する優越権をいつ迄誇り得るかと云う事は、確に大なる疑問であって、数に於ては常に白人を凌駕する有色人が、根本から悉く《ことごと》目覚めて来た時に、果して今日の惰力的な、コンヴェンショナルな白人の文化は、有色人の前に何事を誇ることが出来るであろうか［溝口、一九二一、一九九―二〇〇頁］。

このような動きをイギリスは結局のところ抑えこんではおけず、翌二二年にはごく名目的な形ではあれ、エジプトに独立を付与することになる。

上海や香港での行動からうかがわれるように、現地人の生活の様相に関心を抱いていたと思われる皇太子が、このようなカイロの雰囲気をどう感じたかは、残念ながら分からない。皇太子の旅を子ども向けに紹介した『少年少女の為めの東宮御外遊記』では、「旧く世界文明の大源《おおもと》でありましたこの埃及の山河に、親くお接しになった殿下の御感じはどんなであった事でございましょう。そして現に英国の統治の下で、段々と組織立った自治を敷いてゆく此の国の民族の有様が、どんな風に殿下のお目に留った事でございましょう」との問いかけがなされている〔冬夏社編集部、一九二二、七六頁〕。第一次世界大戦後における、エジプトを含むイギリス帝国の動揺と帝国航路の旅行者の関係については、改めて後述することにしたい。

第二次世界大戦への道と帝国航路

帝国航路をとりまく国際政治状況は、一九三〇年代に入ると大きく変化をみせはじめる。日本が三一年に開始した中国東北部(満洲)への侵略は、三二年一月には上海での日中間の戦闘につながり(第一次上海事変)、イギリスの仲介によって五月初めに停戦協定が結ばれるまで、上海は戦場となった。日本に次いで三五年秋、武力による対外拡張に踏み切ったイタリアによるエチオピア侵略は、帝国航路の要路である紅海のすぐ近くで戦争が起こったことを意味した。さらに三七年七月には日中戦争が勃発し、上海では激戦が展開することになったのである。

上海の変化を旅行者の記録でたどってみよう。

三二年六月、上海事変終結直後の上海に寄港した皇道主義者の教育家(東京府立第六中学校長)阿部宗孝は、「呉淞《ウースン》砲台の跡は完膚なきまでに破壊され、大小無数の坎《あな》が到る所に大きな口をあけている。一見、戦慄を禁じ得ない。台に立って呉淞沖を見ると、黄浦江の入口がすぐ眼下にあって、僅に二粁《キロメートル》を出ない。当時、この敵前を悠々航行した我が海軍の果敢な行動が推察され、爆弾の威力のいかに恐しいものであるかを如実に示されて余は暫く言葉も出なかった」という感想を記している〔阿部、一九三四、八頁〕。

三六年秋に欧米訪問からの帰路上海に立ち寄った実業家松本亀太郎は、市内のいたる所で人力車に引っ越しの世帯道具を積んだ中国人をみかけ、不審に思った。上海事変にうんざりした人々が「第二の事態」を恐れて中国人居住区である城内に逃げ込んでいるのだと聞き、彼はなるほどと思ったという［松本、一九三六、一五一頁］。

その「第二の事態」を実際に引き起こすことになった三七年の日中戦争開始の少し前、六月に上海に寄港したボーイスカウト指導者の福田喜三郎は、宏壮な市政府の建物に感心したが、上海が戦場になった後に帰国して、ニュース映画でその状況を見て、「見る影もない様になっている」と、破壊のひどさに驚いた［福田、一九三八、四頁］。

それから一年余り、三八年秋に上海に立ち寄った作家野上弥生子は、日中戦争で変わった上海の状況を次のように描いている。

同じ上海でも、一年まえとは違った上海に来たのだ、ということを、はっきり思い知ったのは、東百老滙路の大砲の穴の開いた壁や、屋根の吹き飛んだ家を眼にした瞬間からでありました。ガーデン・ブリッヂは北の半分を日本の兵士で、向側の南の半分を鮭いろの顔をした半ズボンの英国兵で警備していました。日本人以外は、銃剣の兵士から一人残らず調べられてから通るので、両岸から渡って来る多くの通行人がそこでちょっと淀んで、橋上が一層夥しい群集になっていました。その中をカーキ色の戦闘帽の兵士で詰まったトラックが駈けて行きます［野上、一九四二、一九頁］。

ちなみに、上海でダンスホールを訪れてみた野上は、ダンスに興ずる中国人を見て、戦火のなかで砲撃されていた時も若者たちが同じように踊っていたという話を想起し、「彼らの洒洒《しゃしゃ》した平気な顔が、却《かえ》って底気味の悪いいらだたしさを感じさせました」と、複雑な気分を抱いている〔野上、一九四二、二五頁〕。

二度目の世界大戦の開始につながることになる一九三〇年代の国際情勢の緊迫化は、戦火に直接関わったこうした場所以外でも、帝国航路に影を落とした。日本の行動に対するイギリス側の警戒心の高まりが、随所で見られたのである。三六年五月に香港に寄港した政治学者岡義武のその地に関する印象は、「香港は美しい港である。町全体が本当に公園である。しかし、この頃香港の防備が著しく強化されて来たという。山と水との美しい此の町にも国際政局の暗い霧が押寄せて来ているのだ」というものであった〔岡、一九九七、一一頁〕。また、三七年三月にシンガポールに立ち寄った鉱山学者で俳人の山口青邨《せいそん》は、旅行者たちが定番のように訪れていたマレー半島南端のジョホール見物をあきらめたが、それは、その一、二週間前から日本スパイを恐れたイギリス当局側がジョホールへの入国手続きを難しくしていたためであった〔山口、一九八二、二四頁〕。その三カ月後三七年六月には、前述した福田喜三郎がシンガポールからジョホールに出かけはしたものの、出入国手続きがきわめて面倒であったことを記録しており、イギリス側が日本人に対して非常に強い警戒心を抱くようになっていることがその理由であると説明している〔福田、一九三八、九頁〕。

日中戦争が進行中で、ヨーロッパでも開戦の危機が迫っていた三九年七月にヨーロッパに赴任したジャーナリスト（後に国際政治学者）前芝確三は、サイゴンでもシンガポールでも、在住日本人から、日本人が疑われ圧迫されている様相を告げられた。シンガポールでは、「要するに、ここはすでに実質上「敵地」だ」との実感を抱いている〔前芝、一九四二、一七頁〕。

それから三年近く後の四二年二月、日本軍はジョホールとシンガポールを隔てるジョホール水道を船で渡り（ジョホールとシンガポールをつないで旅行者たちが利用していた橋は、その前にイギリス軍が爆破していた）、シンガポール攻略戦を開始した。そして二月一五日にシンガポールは陥落し、アジアにおけるイギリスの帝国支配は致命的な打撃を受けることになる。

その間三九年九月にヨーロッパで戦争が勃発したことにより、スエズ運河経由で帰航の途にあった日本郵船の船は、パナマ運河経由に航路を変えなければならなかった。その後もスエズ運河を通る船はあったものの、ヨーロッパでの戦争が本格化した四〇年五月二六日にマルセイユを出港した伏見丸がその最後の船となった〔和田、二〇一六、二五四、二六二頁〕。

二　ヨーロッパに対抗する日本

日本の存在感

すでに触れたように、日本の力の伸張は、第一次世界大戦後の帝国航路における各寄港地の様相に明確に示された。

一九一九年五月に訪欧した新聞記者山田毅一は、それまでにも上海、香港、シンガポールを訪問したことがあったが、シンガポールで、最初に訪れた一〇年前と比べてみて同地での日本人の発展は刮目に値するとして喜んだ。かつては娼婦やそれに関連する仕事の日本人が多かったのに対し、今やさまざまな会社や銀行の支店が軒をならべるようになっていたのである。南進論者を自認していた山田は、自分たちの主張が実現されていると見て、「欧洲大戦以来我が帝国の実力、在住の各民族に認識せられ、在留邦人の肩身一層拡大せられ、一般に将来は日本帝国の統治下に置かるべきの時期来るべしと予想しつつありとは又痛快也」と、快哉を叫んだ〔山田、一九二〇、三六―三七、四一―四二頁〕。また同じように大戦前に上海や香港を訪れたことがあった林安繁も、二二年に寄港した際、往時に比べて日本の地位が変化していることを強く感じた。上海で虹口公園や日本人小学校などを見た彼は、「何れも隔世の感なくんばあらず〔中略〕一として当年を想起するの料ならざるはなし」と記している。また香港では、前に来訪した際には日本人の地位は優勢でなくイギリス人の一挙一動で万事が決められていたのに対し、「今や邦人の勢力の優越なること昔日の比にあらず」との感懐を抱いた〔林安繁、一九二三、六、一二頁〕。

日本の存在感の中身の変化として大きかったのは、各地での娼婦の数の減少である。前章で紹介したように、一九世紀の末から二〇世紀の初めにかけて、帝国航路での日本の存在感を示していた人々は、圧倒的多数を占める娼婦たちであった。その彼女たちの影が大戦後急速に薄まったのである。山田毅一はペナンにおいて、その三年前までは三六軒もあった遊女屋が一〇軒にまで減っており、六カ月後にはすべて廃業することになっている旨、記録している〔山田、一九二〇、四一頁〕。

こうした娼婦の減少は、国際的な流れに乗ったものであった。日本から多くの娼婦が送り出されていた世紀転換期から二〇世紀初頭にかけて、ヨーロッパにおいては国際的な婦女売買禁止の動きが始まり、その関連で公娼制度の廃止に向けての努力が払われるようになった。その結果、一九一〇年には「白人奴隷売買禁止のための国際協定」（当時の日本語訳では「醜業を行わしむる為の婦女売買禁止に関する国際条約」）が制定された。日本政府はそのような動きに加わることに消極的であったが、大戦期にこの協定にそう形でヨーロッパ諸国の植民地における娼家の閉鎖が進むなか、各地の日本領事館がまず娼婦の廃業、帰国を推進する活動を始め、彼女たちの数が一挙に減少するに至ったのである〔小野沢、二〇一〇、一三七―一四四頁〕。

春をひさぐ仕事を離れてシンガポールから帰国の途につく娼婦たちの様相は、大戦期を含む滞欧生活を終えて二〇年に帰国の途についた石川三四郎によって描写されている。石川が大戦前にヨーロッパへの往路サイゴンで日本人娼婦について記した感想は、本書でも前述した（一二三頁）。帰路に彼が乗っていた日本郵船の因幡丸には、シンガポールから多数の日本人客が乗り込んだが、その多くは会社が低賃金の中国人を雇ったために失職した海員と、廃業して帰国の途についた娼婦たちであった。彼女たちを見た時に彼が抱いた印象は、往路のそれとはかなり異なった。石川は、「娘の国」として名をとどろかせた日本のことゆえ、彼女たちも元気と色彩にあふれているかと思っていたが、実際に眼にした六、七十人の女性たちの「灰色の、血の気のない、陰鬱な而も表情の曖昧な、影の薄い面相の行列を眼前に見て〔中略〕自分の日本人たる誇りをメチャクチャに蹂躙《ふみにじ》られた様に感じた」のである〔石川三四郎、一九二二、五二五頁〕。その印象から発して石川はさらに次のように論じている。

一語にして言えば、現代の商業主義と生活難とが彼等を駆って此処に至らしめたのでは無いか。日本の当局が、在外醜業婦を国辱となすは甚だ笑可《おか》しい。日本は宜しく速かに『ムスメの国』たることを辞職すべきである。併《しか》し其醜業婦の出稼を根絶し、『ムスメの国』を廃業するには、先ず第一に其原因たる資本主義、商業主義から解放されねばならぬ。之を擱《お》いて、百の施設、千の命令を発するとも、人間の生存する限り、女の存在する限り、之を根絶することは出来ない〔石川三四郎、一九二二、五二六頁〕。

キリスト教社会主義者としての活動を経て、大逆事件後の一三年に渡欧し、フランスでアナキストのポール・ルクリュなどと親しく交わり、自身もアナキストとしての思想を固めた石川ならではの感想といえるであろう。

大戦の直前と直後に帝国航路を往復した石川は、この娼婦問題に限らず、帝国航路における日本の存在感の変化について、証言を残している。彼は、二〇年九月にロンドンから因幡丸に乗船したが、まずロンドンで郵船会社や横浜正金銀行に行き、「日本人の事業と勢力とが此遠い大都会にまで根を下して居ることに驚」いている。さらに船上では、日本船の乗客の多くがイギリス人であることに奇異の感を覚えた。少し前までは、イギリス人に頼らなければならなかった航海で、「悉《ことごと》く是れ日本人自身で航海するのみならず、世界第一の海運国として誇れる英国人が此小汽船因幡丸に乗込む様になった。何という変化であろう」というわけである。またすでに紹介したように石川は往路でポートサイドでの日本の存在感について書き記していたが、帰路でも立ち寄った同地で日本の「海外発展」の著しさに驚いた。そこでは「日章旗を掲げた多くの小艇《サンパン》は縦横左右に走って居る」。日本語でのモノ売りも多かったが、八年前に彼が渡欧した時は、香港やシンガポールでもそうした光景は見られなかったのである〔石川三四郎、一九二二、五一九―五二一頁〕。

日本の存在感の変化はコロンボでも同様であった。二二年に煙山専太郎は、マレー半島までは日本人よりも中国人の方が優勢であるのに対し、コロンボでは日本人の方が優勢であるとして、日本領事館と、四、五軒の日本商家の存在をあげている〔煙山、一九二八、二三三頁〕。同じ年、陸軍軍人石原莞爾はドイツ留学の途上立ち寄ったコロンボで、「主なる店には日本語の看板あり。店内には皇太子殿下の御写真等を奉安しあるを例とす」と、観察した。そして、日本人の成金たちが寄港して散財したこともあろうが、「土人が一般に日本人に好意を有するは一見明《あきらか》にて手を挙げて挨拶するもの多く〔中略〕案内せる土人の如きは、早晩此付近も日本のものとならん等と大気焔を挙ぐ」と、日本の存在感を強調した〔玉井編、一九八五、三〇頁〕。

アジア「解放」の夢？

石原莞爾は後に満洲事変の立役者として、第二次世界大戦へと向かう世界の動きのなかできわめて重要な役割を演じることになる人物である。帝国航路上での彼の感懐を今少し紹介しておこう。

彼は上海碇泊中、船内でふるまわれた茶と汁粉に西洋人が手をつけなかったことについて、「今更日本人の雄大なることを思う。若し日本人ならば甘《うま》そうでなくとも珍らしきものに手を出すのが当り前なり。毛唐の野郎共《ども》、生意気にてそれをなす能わず。真に世界の文明を統合する天職は我等日本民族の手にあること此の如きことにても証明せらる」と、かなり手前勝手な意見を述べた。香港では、旅行者のお決まりの行動としてケーブルカーでピークに上り、「横暴なるアングロサクソンに、神聖なる我天業民族の武力を加うる時、此山上に日章旗の翻るべきを思い、独り会心の笑《えみ》をもらして下山」した。そして、初めて異国に来たような感がしたというシンガポールでは、人口の七割を占める中国人の勢力と元気さに敬服しつつも、「土人」は日本人に親しんでいると感じ、「英国人が御前等を恐れて居る。何時頃戦をやるのか?」というのが彼らが日本人に対してその頃発するお定まりの質問である、と記したのである。さらにコロンボでは、前述した観察につづいて、「嗚呼《ああ》一日も速《すみやか》に毛唐の圧制より此の可憐なる民族を解放してやりたきものなり」という望みを示す。そこからインド洋を渡り、イギリス海軍に入り口をおさえられた紅海に入るに及んで、石原は、「侵略主義とか何とかいうて人をせむる毛唐の面憎さ！　但し彼等をして真に醒めしむる正に近きにあり」という思いを吐露している〔玉井編、一九八五、一一六、一一九、一二六、一三〇、一三四頁〕。

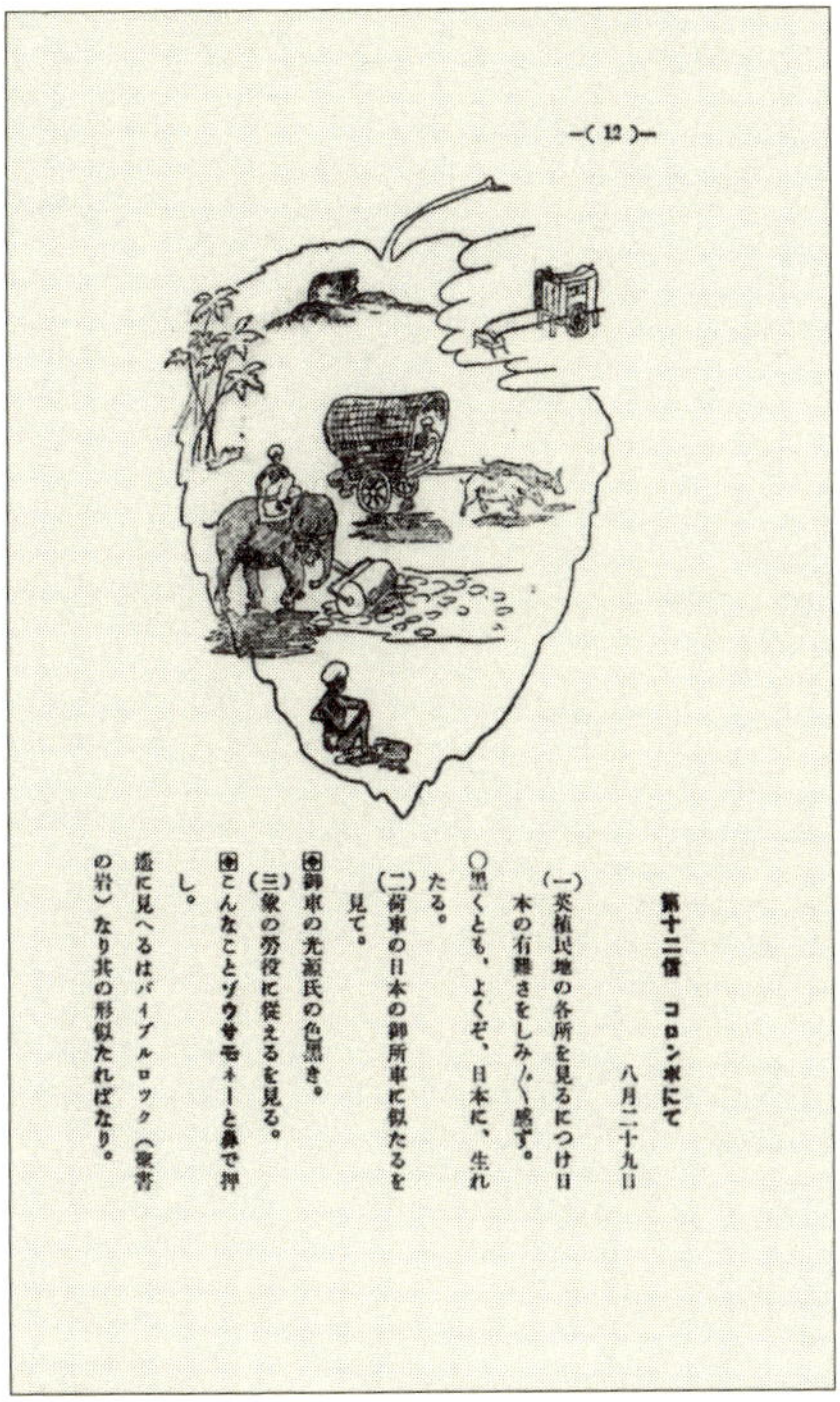

図 19　台湾総督府勤務の電信専門家が見た 1934 年のコロンボ（佐々木英一『欧米一とめぐり　第 2 版』私家版，1936 年）

この石原ほど極端ではなくとも、アジア各地の日本のさらなる勢力拡大をめぐる夢を寄港地でかきたてられる旅行者は、少なからずみられた。若い官僚安井誠一郎は、二等船客として船中でさまざまやんちゃな行動を楽しんだが、同時に同船の人々と日本の植民政策について語り合っていた。ペナンに着いた時、彼は、イギリス人の発展ぶりに驚きながらも、「日本人は非常に土人に好感を持たれて居るから、少し資本を以て十年も努力すれば相当なものになると云うことは考えに入れて置きたい様な気がする」と考えた。さらにコロンボでは、その地に住む日本人の家に招待されて「相変らず日本帝国の植民政策を論」じ、日本人と提携して東洋の連盟を作ることをインド人が希望しているという情勢観察に耳を傾けた。そしてお決まりのキャンディ見物に際しては、自動車運転手兼ガイドをつとめたセイロン人の激しいイギリス批判と日印同盟論に接した。さらにコロンボのレストランで中国人による排英口調を聞いて、「到る処排英の空気は漂う。確かに日本人の活動すべき時機だ」と思ったのである［安井、一九八六、一二、一七、一九頁］。

日本人が動いてインドをイギリス支配から「解放」するという考えは、この頃いろいろな旅行者が抱いている。東京市議（後に立憲政友会選出衆議院議員）大崎清作は、一九二六年に米欧訪問の帰路、帝国航路を旅する途中、インド人は悠長で無為を尊重するにもほどがあるとしつつ、「とに角に日本人を慕い、英国を伐つ者は日本人より外にはないと信じて居る」と思った［大崎、一九二七、三九一頁］。また二五年に欧米の教育事情視察の旅に出た函館師範学校校長の橋本文壽もコロンボで、無知蒙昧で生活の努力をしないというインド人の状態改善を同じアジア人として日本人は考えていかなければならない、と考えた。イギリス人は経綸の才に富んでおり、ちょうど碁の上手な人の置く石の一つ一つに意味があるような統治を行っていたが、日本人がそれに対抗することが求められている、と彼は感じ、以下のように記した。

> 私は印度《インド》の実情を一瞥し、人類としての見地から、特に亜細亜《アジア》人、有色人種の立場から、切に我が国に世界政治的な本因坊が現われ、一日も早く有効・有意義な碁石を置かれんことを希望する。特に、印度人は人種的関係から日本人に親しみを持って居る。この好感情ある以上、確かに捨石にならない石が置かれ得ると信ずる〔橋本、一九二七、一九頁(強調原文)〕。

橋本と同じく教育者の中学校長湯沢徳治は、二九年、ペナンにおいて二人のインド人学生から話しかけられた。湯沢は彼らの話を、同じ宗教、同一人種であるインドと中国は日本人を盟主とする有色人種の大団結を作っていく必要がある、というものであったとまとめている〔湯沢、一九三〇、一五頁〕。

アジアでの日本の将来の活動をめぐっては、後に満洲への日本人の植民推進で中心的役割を担うことになる加藤完治が、二二年から二四年にかけてと二六年の二回にわたって訪欧し、そのいずれの旅の途上でも植民推進をめぐる決意を新たにしたことを、指摘しておきたい。二二年の旅では、シンガポールのゴム園労働者を見て、そのような「不摂生、不道徳」な人々を作らないように、日本からの外国植民を「活き活きせるものたらしむる為には、日本村を作り、信仰を基礎にして其の生を楽しみ得る様に彼等を導くべき」であると、加藤は考えた〔加藤完治、一九四二、三四―三五頁〕。彼は、憲法学者で神道思想家であった筧克彦の「神ながらの道」という理論に影響を受けており、それがここにも反映されている。また中国の人々が肥沃な土地を離れて移り住んできている状況を見て、「日本人の見逃す事の出来ぬ殖民政策上の大問題」がそこにあると感じた上海を二六年に再訪した際に、加藤は次のような感懐を抱いている。

> 今の日本には所信を鼓吹する人間が多くして所信を断行する人間が余りに少ない。例えば人口問

題を口癖の様に騒ぎ立てて、植民せよ植民せよなどと蛙の様に鳴き立てるより、自分が植民するか同志の植民を真剣に世話するか、孰《いず》れにしても植民と言う大事業の為めに身命を賭してかかる程の人間が大切だ〔加藤完治、一九二九、九頁〕。

排日気運の実感

アジアでの日本の勢力拡大に向けた刺激を寄港地で得る反面、この時期に日本人旅行者が寄港地で強く感じたのは、日本に対する反発の強まりであった。

一九一九年三月に、毎日新聞記者で俳人でもあった小野賢一郎は、上海に寄港した際に南京まで足をのばしたが、そこから上海への帰路、汽車のなかで中国人生糸商人と筆談を交わし、日中間の親善を説いたところ、否定的な反応に直面した。その商人は、日本の役人が中国人に不親切であり、たとえ日本側に親善の意があるにせよ「其の実を知らない」と、強い批判的な言葉を口にしたのである。小野は船中（日本郵船の賀茂丸）でも同じような批判に接しており、排日的な言辞をそれほど手ひどく投げつけられようとは思わなかった、と歎息した〔小野、一九一九、一九―二〇頁〕。

翌二〇年秋にヨーロッパ留学にでかけた法医学者小南又一郎は、上海で三井や三菱など日本人の経済活動の発展に驚きを覚える一方で、いったん街のなかに入ると排日が盛んであり、日本人が入ることを拒む商店があること、夜の日本人の一人歩きは危険であることを記録している〔小南、一九二三、五―六頁〕。

それとちょうど同じ頃やはりヨーロッパ留学の途次上海に寄港した経済学者矢内原忠雄は、蘇州にあった日本人雑貨商の東洋堂で、日貨排斥の状況を聞き、「何故日本人は排斥を受けしやを考え」た［矢内原、一九六五、五〇七頁］。また二一年の秋、加藤完治は上海で巡査が車夫をなぐったり、人力車に乗った欧米人が車上から車夫を蹴上げたりしている情景を見て、日本人はそれほど残忍でないにもかかわらず、中国人はなぜ「排日運動のみ」を行うのか、という疑問を発した。日本人のなかにも乱暴な者はいるかもしれないが、それであればイギリスがもっと排斥されて然るべきであると考えた加藤が導き出したのは、「狐か狸の如き某国民が、騾馬《らば》の如き日本国民の世界的勢力を弱からしめ、支那を我物顔にしたいと言う野心から、金銭中心主義にして、且つ雷動《（ママ）》し易き現実的の支那人を弄用するとき、展開せられる暴動劇」が、排日活動であるという結論であった［加藤完治、一九四二、一四―一五頁］。これは、大戦期の二一カ条要求から戦後処理の過程における中国での日本の帝国主義的行動への自省的意識を全く欠いた観察にほかならなかった。

ただ、イギリスがもっと排斥されて然るべきであるという加藤の疑問が、もっともな面をもっていたこともたしかである。実際中国人の反英運動は、二五年五月三〇日、労働争議での中国人労働者殺害に抗議する上海の学生などのデモにイギリス側官憲が発砲して数十名の死傷者が出たことをきっかけとして、激しく繰り広げられることになった（五・三〇事件）。

二六年夏からは、国民党の国民革命軍による全国統一をめざす北伐が開始されるなど、中国は反帝国主義と国家統一をめぐって揺れ動いた。その後、国民革命軍の動きに対抗して山東省での権益を守り勢力をいっそう拡大しようとした日本が、在留日本人保護を名目として、二七年五月からと二八年四月からの二度にわたって出兵（山東出兵）したことにより、今度は排日運動が改めて高揚していった。

第一次山東出兵の少し前、二七年二月に上海を訪れたのが、哲学者和辻哲郎である。ドイツ留学のために日本を離れた和辻は、その航海の間中、妻に宛てて心のこもった手紙を書きつづけた。その手紙のなかでは、最初の寄港地上海からの船の出港が労働者のストライキのため一日遅れたことや、そこから小包を送ろうと思った郵便局がやはりストライキのために休んでいたことなどに、当時の上海の雰囲気がわずかにうかがわれるが、そうした点について和辻はただ淡々と述べるのみであった〔和辻、一九九二、一七四、一七七頁〕。しかし、二八年に帰国し、翌二九年に発表した「支那人の特性」という論文（『和辻哲郎全集』未収録）のなかで、彼は、上海で直面した中国人の反帝国主義運動について、「旗印としてはさまざまの新しい標語が用いられるが、然し例えば打倒帝国主義を掲げる日貨排斥は、レーニンの意味での資本主義最後の段階を倒壊せしめようという如き運動では決してなく、日貨販売に際して幾割かのコンミッションをせしめようとする一つの職業に他ならない。それは暴力の示威の下に行われる点で、昔の諸侯が山上に城を構え下を通る商隊から高い関税を取ったのと変りはない」（強調原文）と述べ、民族運動について理解しようとする姿勢の欠落を露呈させている〔和辻、一九二九、九頁〕。

和辻は、上海や香港、シンガポールは、欧米の資本主義が作りあげた欧米人の町ではあり、中国固有の町ではないものの、そこに「支那固有なもの」が最も露わにあらわれているとみており〔和辻、一九二九、二頁〕、反帝国主義民族運動もその固有性を示すものと考えたのである。その固有性論が、三五年に公刊された『風土』での中国人像につながっていく。それは、相互に助け合う自分たち自身の力のみを頼って、無政府の生活に徹して国家の保護をたのまず、危険が迫ってもその危険が可能性にとどまる限り、無感動であることを最善の防護法としつつ金儲けをひたすら追求する、といった像である〔和辻、一九六二、一二二―一三四頁〕。和辻の中国論に注目した松沢弘陽は、それが、西洋、中国、日本という三角関係のなかで一八六〇年代に日本人が抱いた中国像と、形成のプロセスにおいても内容においても通じるものであった、と位置づけ、そうした中国論に共鳴する読者層の存在と、そうした中国論の影響の大きさを指摘している〔松沢、一九九三、一七一―一七四頁〕。民族運動の力と可能性に眼を閉ざし、中国の変化を理解しようとしないという態度は、日本人の間に広く見られたのであり、それが、日中戦争へと突き進む日本軍部の動きを支えていくことになった。

第一次山東出兵中の二七年五月末に上海に寄港した篠田治策は、朝鮮総督府の官僚としてのキャリアを終えてから、李王（李王朝最後の皇太子李垠《イウン》で二六年に父の死によって李王を名乗った）に仕え、当時は李王職次官という地位についていた（後に長官に就任）。篠田が随行していた李王による訪欧の旅は、王は十里（日本の一里）の外に出ることはないという李朝の伝統を破るものであり、微行という形をとった。それだけに、朝鮮の反日民族運動の拠点となる大韓民国臨時政府が置かれていた上海の付近では、「不逞の徒《やから》が陰謀を企つるとの情報」があらかじめもたらされるなどして、篠田は緊張を強いられた。小船で揚子江を遡航して見物するとの計画は李王夫妻が乗り気でなく取り止めになったが、その前日に同じように遡航した外国人の船が中国兵の射撃を受けたことを後から知ることになった篠田は、安堵の気持を抱いた。篠田自身は上陸して、日本、イギリス、フランスの多数の兵が中国兵の乱入に備えて警戒を固めている様を実見し、「支那街との境界には土嚢《どのう》鉄条網を繞《めぐ》らし、宛然戦場を視るが如し」との感をもった。また、大韓民国臨時政府が置かれていたフランス租界を通った時には、

「所謂《いわゆる》不逞鮮人の上海仮政府なるものを想起した」が、街路では朝鮮人を一人としてみかけることがなかった。ちなみに、篠田は香港において、イギリス人による統治はもっぱらイギリス本位であり、現地人のことは全く顧みていないとしつつ、「排英感情が、次第に支那全土に漲《みなぎ》りつつある所以」はまさにその点に求められると論じ、日本の朝鮮支配はそれと異なるという見解を暗示している〔篠田、一九二八、緒言、一二―一三、一七頁〕。

一九三〇年代の寄港地

帝国航路の寄港地、とりわけ日本の勢力が強くなっていた所での排日気運は、一九三〇年代にはさらに昂進していった。

一九三二年、世界一周の旅に出た東京市議会議員本多市郎は、最初の寄港地上海で、排日運動のために上陸は危険であるとの警告を押し切って上陸したところ、郵便局のガラス窓にまで「日本人を皆殺しにせよ」というポスターが貼ってあるのを目撃した。次の寄港地香港でも、上陸はやめた方がいいとの助言に従わなかったが、客待ちのタクシーのどれからも、日本人は乗せないと、乗車を拒絶された〔本多、一九三四、一一、一八頁〕。

その少し前、阿部宗孝は、シンガポールの日本領事の話として、「近頃では此地も上海事件の余波を受けて日本商人も手の下しようがないという」状態になっていることを記録している〔阿部、一九三四、一〇、一三頁〕。さらにペナンでは、三三年に立ち寄った陸軍中佐宝蔵寺久雄が、観光の中心である極楽寺の石の上に中国人が彫り込んだ「国難を忘るな」という文字に強い印象を受け、「満洲事変の悲憤の文字」であると受け止めた〔宝蔵寺、一九三五、三九頁〕。

三六年にヨーロッパに赴いた武者小路実篤は、上海では芝居見物をしたりして「異国情緒」を味わったことなどを記しているのみであるが、香港では、「日本にしきりと神経をとがらしているらしい」とその空気について触れ、シンガポールでは、中国人の勢力のもと、「土地の新聞は排日の記事をかかないと売れないのだそうだ」と、排日気運の強さを記録にとどめた〔武者小路、一九八九a、一〇、一四、一七頁〕。ただし、四一年刊行の『欧米旅行日記』では、こうした点に全く触れていない。

三七年七月に日中戦争が勃発した直後に神戸を発って訪欧の旅に出た政治家鳩山一郎は、上海でも市内は平静で「北支事件」のための動揺は感じられない、と記した〔鳩山、一九三八、五頁〕。しかしその翌月、大山勇夫中尉の殺害事件（大山事件――彼の属した日本海軍による謀略事件という可能性が強い）をきっかけとして第二次上海事変が引き起こされ、一一月には日本軍が上海全域を制圧するに至る。帝国航路の寄港地が、初めて日本の完全な勢力下に入ることになったのである。ただし、その支配が危うい基盤のうえに立っていたことはいうまでもなく、旅行者はそれを感じざるをえなかった。

上海への日本郵船の船舶の寄港は、第二次上海事変直後からしばらくの間中止され、それが復活したのは三八年一月になってからであった〔和田、二〇一六、二四二頁〕。日本制圧下の上海に三八年秋に立ち寄った野上弥生子が、ダンスホールでダンスに興ずる中国人の若者の姿に「底気味の悪いいらだたしさ」を感じたことは先に紹介した。日本の支配下に入った上海でのそのような感覚は、中国の人々のある種の抵抗意識に触れるものをもっていたと考えられる。三九年五月にドイツ留学への途次、上海に寄港した陸軍士官学校ドイツ語教官高嶋泰二は、「静安寺路から乗り込んだバスの二階から眺めているとダンス・ホールやキャバレーのネオンの洪水が不夜城のごとく続き、租界を支配できない日本軍を嘲笑《あざわら》っているような印象を受けた」〔高嶋、一九九四、二〇頁〕。

一方女性詩人深尾須磨子は、三九年春に三度目のヨーロッパ訪問（二四年と三〇年に渡欧経験があった）に出かけた際、*上海で「戦跡見学」にでかけたものの、「果しもなく広がった滬東《ことう》の野には、既に春色漂い、楊柳芽ぐみ、草もちらほら青くなって、摘草の女たちの姿もそこかしこに見うけられると云うのどけさ、従って激戦の日のなごりも窺えなかったが、一歩市街地の廃墟に入るやいなや、私は思わず眼を覆うて、心ひそかに繰りかえした。——何よりもこれを見なければ……それから、すくなくとも内地の都会婦人には、これを見学させる必要がある、と思った」。こうして戦争のもたらす災厄を瞥見した深尾は、次に寄港した香港では、「時局柄日本人に対する支那人の感情悪化の傾向があり、上陸する日本人は注意を要する」という掲示があり、下船を見合わせたのである〔深尾、二〇〇〇、一八八、一九〇頁〕。

＊深尾は熱烈なムッソリーニ礼賛者であり、このヨーロッパ旅行では、イタリアでムッソリーニや外相チャーノに、ドイツではヒトラーと会見している。

三　植民地支配をめぐって

イギリス帝国観の動揺

第一次世界大戦後、日本の勢力の拡大と対照的にイギリスは植民地における支配力の揺らぎに直面していた。第一次世界大戦は、イギリス統治下の諸地域において自立、独立を求める民族運動を強めることになったが、戦争直後の帝国航路でそれがまず強く実感されたのがエジプトである。

第一次世界大戦勃発後、イギリスが公式に保護国として帝国領土に組み入れていたエジプトでは、イギリスの支配から脱しようとする動きが高まり、独立実現のためにパリ講和会議に代表団（ワフド）を送ろうとする運動が生まれた。講和会議の流れがその期待を完全に裏切るものであることが明確になってくると、一九一九年三月、エジプトでは学生によるストライキと示威行進が始まり、各地に広がっていった。いわゆるエジプト三月革命（一九一九年革命）である。

エジプト民衆による反英運動は、徳富蘆花（健次郎）によって直接目撃された。トルストイに会うためロシアを訪問した一九〇六年の彼の旅については、第Ⅳ章で触れたが、今回はパレスティナをめざす旅であった。ところが、シンガポールでイギリス軍政所への出頭を求められた蘆花は、パスポートの不備からパレスティナ入国はおそらくできないだろうし、エジプト（ポートサイド）に上陸することも難しいのではないかとの警告を受けた。三月一三日にポートサイドには上陸できたものの、パレスティナ訪問許可がおりるのを待つため、彼はカイロで約二週間滞在しなければならなかった。

三月一七日の午後、夫妻が博物館見物に行く支度をしていると、街路が騒がしくなった。ホテルのバルコニーに出てみると、目前で展開されていたのはエジプト人による反英デモであった。少し長くなるがそれを見た蘆花の記録を引用してみよう。

土耳其《トルコ》帽に背広、あるいは白い巻頭巾にひらひらの着流し、四人一列になって、エズベキヤ公園の方から、一団また一団、長蛇の如く私共のShepheard's Hotel前を練り込んで来る。一団毎に、一人の学生らしい青年が、身を挺して、ふりかえりざま拍節〔指揮棒〕のようなものをふるって指揮をする。音頭につれて、皆一斉に拍子を揃え、歌うような、叫ぶような、怒鳴るような声をあげつつ、バタバタのバタ、バタバタのバタ、と手巾をはたく。やあと双手を上ぐるもある。赤い旗。白い旗。白い旗には赤。赤い旗には白い亜刺比亜《アラビア》文字を書いてある。弦月に三星の埃及《エジプト》国旗も幾旒《いくりゆう》かつづく。〔中略〕見る見る、ホテルの前から、公園の方へ、眼の届く限り、人の頭の海になった。最初は無理に通って居た軍用自動車なども、最早通らなくなった。短冊形の地上はすべて人、壁の如く之をはさんだ向うの建物も、四階五階の窓まで、窓という窓は、見物人が鈴生《すずなり》である。〔中略〕二万人の上越す行列は、足をとどめて一斉に歌ったり、旗をふったり、手巾をふったりする。わアわアと、波のような鬨《とき》の声が湧く。見物の中から手をたたく。英吉利《イギリス》人ならぬ外国人の中には面白半分手をたたくものもあったらしい。私共の室の女中マリアなどは、Revolutionだと眼の色をかえて居た。

こうしてホテルのバルコニーからデモ行進を眺めていると、彼の「心臓が大波をうち出」し始めた。「異様のもの」、すなわち白い着流し姿で髭も髪も真っ白な老人が、蘆花の眼下で大地に布を敷き、血気の若者たちの行進をすぐ前にして、メッカに向かっての礼拝を始めたのである。それを眼にした蘆花の体は「ぶるぶると震えて、涙がわいて来た」。そして彼は、次のような内心の叫びをあげた。

そんなにも、独り立ちがしたいのか！
ああ、埃及は独りで立たしたい！〔徳富健次郎・愛、一九二一、一六三―一六五頁〕

イギリス帝国が解体の方向に向かおうとしていることを示したこの事態の意味を、蘆花はよく捉えていた。

このデモを目撃するより前、カイロで彼に対応した英軍少佐との会話で、エジプト情勢に話が及んだとき、「なに、何でもない事です」と少佐がこともなげに言ったのに対して、蘆花は「然《しか》し、これからが中々でしょう。印度もある」と応じた。それを聞いて少佐がいやな顔をしたことを、側にいた妻愛子は目撃した。そして、その後蘆花に対する少佐の態度は冷たくなったという〔徳富健次郎・愛、一九二一、一五九頁〕。大戦後インドでも反英気運は高揚しており、この直後の一九年四月からはガンディーの指導下で非暴力抵抗運動が開始された。イギリスの帝国支配を動揺させる事態の同時的な展開を思わず指摘した蘆花の言葉は、相手のイギリス人をいたく刺激することになったわけである。

それから一年半以上がたった二〇年一二月にエジプトに立ち寄った法医学者小南又一郎も、エジプトとインドをともに視野に入れた次のような趣旨の感想を残している。

エジプトは今まさに独立しようとしていて、所々で盛んなストライキが行われている。自分も運河地帯のストライキに際会したし、ポートサイドではストの群衆を警官が制御しているのを見た。イギリス側は手のつけようがなく、非公式にエジプトの独立を承認しようとしている。ひるがえってインドをみると、インド人は、自分たちが戦争で第一線に使われたのに対し、イギリス人は塹壕内で化粧に浮き身をやつしたことを非常に遺憾として、イギリス人に対する思惑が甚だ悪く、独立運動を始めようとする気勢にある〔小南、一九二三、四四頁〕。

そして小南は、「嗚呼貪食《どんしょく》者たりし英国は、今や胃拡張を起して自然の衰弱を来すか、急性胃腸カタールとなり、嘔吐下痢を招くにあらざるか、物には総べて程度ある事を知らざるべからず」という結論を下した〔小南、一九二三、四四―四五頁〕。

エジプトでの緊張状態については翌二一年秋に杉山益一郎も、「独立運動の為めに人心悪化しているエヂプトでは何日戦争が初まるか知れないと云うので何れも恟々《きょうきょう》たるものであった」と記している〔杉山、一九二五、八六頁〕。わずかの滞在時間だけでも、日本人旅行者にこうした感触をいだかせたエジプト情勢を緩和すべく、イギリスがエジプトを独立させることを宣言したのは、二二年二月のことであった。これはあくまでも名目的なものであり、エジプトがイギリスから実質的に独立するのは、第二次世界大戦後、五二年のエジプト革命をまたねばならないが、名目的であるにせよ独立付与を国際的に宣明しなければならなかったことは、イギリスの帝国支配力の変化を物語っていた。

同じ頃、上海においてイギリスの力の低下を実感していた旅行者が、電気事業視察の旅に出ていた林安繁である。彼は、電気会社に勤める前は大阪商船の社員であり、上海生活の経験もあった。彼が以前知っていた上海でのイギリス人の中国人に対する態度といえば、「一二タ言目には靴を以て蹴り、ステッキを以て打」つというものであったが、二二年春に寄港した上海で彼が眼にしたのは、イギリス皇太子（後のエドワード八世）の訪問に際して中国人労働者がゼネストに入って賃上げを勝ち取った状況であった。「之れ実に英政庁換言すれば英国人の支那人に降服せしものにして、数十年来英国人の持続し来れる勢威地に墜ちたりとも見るべからん」と、林はその変化を説明している。林はさらにシンガポールでも、「英国の殖民政策が常に敵に糧に拠る（食糧を相手に依存する）の方針を以て、劣等民族を威圧しつつ成功したるも、時代は遺憾なく進展して財力、実力人数共に今や支那人に移り、遂には英人の威圧其効を奏せざるに至るべきは近代の傾向なり。〔中略〕海峡殖民地亦長く英人のものたるを得べきや否や、世の殖民政策を論ずるもの将《まさ》に再思三考する所なかるべからず」との所感を記し、イギリスの力の低下に目を留めている〔林安繁、一九二三、一三、一六頁〕。

イギリス植民地統治策の吟味

この時期には、そのような状態に陥っていたイギリス植民地に注ぐ視線を、日本帝国の統治策との比較へとのばしていく旅行者も少なからずいた。

カイロで反英運動を目撃した徳冨蘆花には、その状況が日本にとっての他人事とは思えなかった。彼は、「朝鮮をもつ日本人の私共なればこそ、埃及に来て、ホテルの真下にわざわざ此示威運動を寄せて見せられたのだ。埃及の立場に朝鮮を見、日本の立場に英吉利を置いて、其何れをも私共はとっくり腹に入れねばならぬ」と記した〔徳富健次郎・愛、一九二一、一六六頁〕。日本人の中東認識についての研究を重ねている臼杵陽は、この一節について、「当時の日本としては良心的知識人キリスト者である蘆花としての、植民地・朝鮮への見解を表明したものであろう」とコメントしている〔臼杵、二〇一七、六六頁〕。

朝鮮では、一九一九年三月、エジプトでの反乱の少し前に大規模な反日運動が展開していた。三・一運動である。蘆花の念頭にそれが浮かんでいたことは確かであろう。

その朝鮮植民地統治に関わっていた守屋栄夫《えいふ》という人物が、二三年に帝国航路を旅している。守屋は内務官僚であり、朝鮮総督府の秘書課長をつとめていた。この欧米視察の旅の途中に総督府庶務部長に任命され、さらに後には内務省の社会局社会部長に就任した後、二八年からは衆議院議員（無所属で立候補し当選後に立憲政友会に加入）になるという経歴を有する。彼はシンガポールでラッフルズの卓見と努力には感心しつつも、「土人の指導開発は殆んど顧みられないようであった。此の点に於ては、我が国が朝鮮に試みている文化政治が、遠からざる将来に於いて世界の模範となるであろうと考えた」［守屋、一九二五、三九―四〇頁］。文化政治は、三・一運動に示された朝鮮の民族運動の高まりに直面して、それまでの「武断政治」による徹底的な民族主義抑圧姿勢を緩和することを標榜した日本の統治策であった。それによって朝鮮人の言論・出版・集会・結社の規制緩和などが行われたものの、朝鮮の人々を支配下に置く統治の根幹が緩められたわけでは決してなかった。守屋は、その文化政治をイギリスの植民地統治よりもすぐれたものと考えたのである。

守屋は、ベンガル湾を航行している時、イギリスの植民地統治策についてさらに思いをめぐらせた。彼が称賛したのは、イギリスが植民地統治にあたる人材を優遇し、うまく育てていることであった。しかし彼のみたところ、その統治はあくまでもイギリスの致富のため、イギリス人本位であり、支配下の植民地の人々の便宜や教育は顧みられていなかった。日本としては、「島国根性を捨てて、英人が既に其の範を示したように、万里の波濤を蹴ることを喜びとする青年男女が、どしどし輩出せねばならぬ」が、それと同時に、三千年の固有の文明に加え、仏教、儒教、西洋文明を吸収し育んできた国として、「精神的の何物かを［支配下の］彼等に与うべきではないでしょうか。彼等が何十年の間求めて得なかった仁と慈とを以て、彼等を我等と同じき人格者たらしむることが、我が弥栄《いやさか》の皇国の使命でないでしょうか」と彼は考えたのである［守屋、一九二五、八一―八九、九九、一〇一頁］。

守屋の旅行記『欧米の旅より』を守屋自身から贈られて読んだ朝鮮総督府官僚（秘書課員、後に外事課長）松村松盛は、二五年に守屋と同じように世界視察の旅に出ている。彼は上海で、中国人が入れない公園について、その「根本の思想を打破せねばならぬ」と感じ、「東亜の盟主だという日本の荷物も亦重い」という感慨を催した。そして、上海のロバート・ハート（中国の海関を牛耳ったイギリス人）やシンガポールでのラッフルズの銅像からイギリスの力に思いを馳せつつ、上海では「我が青年よ〔中略〕牢記せよ。世界はアングロサクソンのために造られたものではないことを‼」と、シンガポールでは「私は祖国の青年諸君に愬《うった》えざるを得ない。太平洋の波寄するところ、美果到処《いたるところ》諸君を待てり」と、記した。またコロンボでは、盛んな紅茶栽培に対して現地人常食の米栽培は原始的状態に止め置かれているとして、「搾取第一乎《か》、将又《はたまた》開発第一乎？　植民政策は世界思潮と共に動かねばならぬ。問う英国政府よ、有色植民地を永久に牝牛として残さんとするか？」と、問いかけた。日本の朝鮮支配は搾取第一のイギリスと異なるという考えの表明である。そうした松村は上海で、大韓民国臨時政府事務所を見に行っている。そして、その古ぼけた建物の様相を気の毒としつつ、「何んとかして彼等の誤解を釈《と》きたい〔中略〕でも首脳者は何処に居るか解らなかった」と、残念がっている。総督府官僚として当然ではあろうが、日本による植民地支配への自省の念はここには全く見られない〔松村松盛、一九二六、六〇、六一、六四―六五、七六、八七頁〕。

イギリスの植民地統治をこのように批判した朝鮮総督府関係者たちも、植民地におけるイギリスの政治的手腕を否定していたわけではない。松村はハートについて、海関を握り貿易を掌握したことの意味を強調しつつ、「私は彼が四十六年間同じ仕事に終始した事実と、謙譲・堅忍・叡智・決断の性格とを結付けて、アングロサクソンの卓越を認めざるを得ない」と述べた〔松村松盛、一九二六、六四頁〕。また守屋はイギリスの統治業績をいくつもの点に見出していたが（水道・下水設備、学校・博物館・植物園の設置など）、彼がその筆頭に挙げたのは、道路や港湾施設が完備していることであった〔守屋、一九二五、六八頁〕。

植民地における道路建設への称賛は、この頃の旅行者にきわめて多く見られた感想であった。もとより、この点への着目はこの頃になって始まったわけではない。たとえば一八九八年、社会学者建部遯吾は、日本の港から上海、香港、サイゴンとたどってくるにつれて、「市街の道路は愈《いよいよ》益《ますます》清潔と整頓とを加え」ているとの印象を抱いた〔建部、一九八九、三七頁〕。しかし、第一次世界大戦後の旅行者はそれをさらに強く感じたように思われる。大戦直後に限ってみても、一九一九年に旅した小野賢一郎は香港で、イギリス商人の店が堂々としていることとならんで道路の立派さを強調しているし〔小野、一九一九、二二頁〕、同じ年に山田毅一も香港で道路の見事さに感心し〔山田、一九二〇、二六頁〕、二〇年に小南又一郎はシンガポールとマラッカでの感想として、そのような「南洋の果」でもイギリス人の経営する土地の道路が立派であることをあげている〔小南、一九二三、一九頁〕。さらに二二年、欧米視察の旅に出た前香川県知事佐竹義文は、コロンボまで寄港するたびに道路の整備状況や道路拡張計画に驚きを示した〔佐竹、一九二五、八、一六、二五頁〕。二二年春にコロンボ市内をドライブした際の林安繁の印象は、「道路坦々として一石の横《よこた》わるなく、一塵の煩いなし、英人の殖民地経営の第一義は道路に在ることは予《かね》て承知の事なれども、香港と云い新嘉坡《シンガポール》、彼南《ペナン》と云い将《は》た又コロンボと謂い、只々感嘆の外なく、東洋君子国此点に於ては大に遜色あり」というものだった〔林安繁、一九二三、二三頁〕。また二八年には岩田博蔵という萩の市民が、イギリスの植民地開拓方法が「家あって道あるに非ず。道あって家ありの策である」と論じている〔岩田、一九二九、六頁〕。

このようなイギリスの植民地統治方策への関心は、日本の植民地統治についての批判と結びつくこともあった。日本がヨーロッパ列強と並ぶ植民地保有国になったこの時期ならではの状況である。たとえば、山田毅一はこの道路問題に関わる形で、「英国に於ては斯かる公共事業に対して、母国の援助頗《すこぶ》る多きものありと。我が国民は海外発展をなさんとする、在外者に対しては、毫《いささか》も後援を与うることなし。帝国の大を期し、国民的向上を為さんと欲せば、海外発展による外なし。而して、其の発展者を援助せざれば、即ち已《や》む」と論じた〔山田、一九二〇、二六頁〕。また二九年に訪欧した相良徳三は、シンガポールのアスファルト舗装道路が立派なことを紹介した後で、「すべて英国人は、殖民地を拓くには、先ず道路から作るらしい。〔中略〕ところが、日本人は先ず家を建てる。勝手に、何処へでも、ごたごたと建てる。〔中略〕これからの経済戦争には、日本人のような仕方では、駄目だろう」と記した〔相良、一九三一、二五―二七頁〕。

植民地統治モデルとしてのイギリス帝国像は、イギリスとの競合意識が強まるなかでも、依然として健在だったのである。三七年、鳩山一郎はコロンボにおいて、その地がすべてのイギリス領の例に漏れず、道はよく、市街は美しく、ハエや蚊は見当たらないとしつつ、「誠に土人の生活を向上せしむる事に重点が置かれている。植民政策は之れに非らざれば成功せず。台湾、朝鮮の道路や市街の設備と比較して問題にならない。〔中略〕全人類の幸福向上と云う様な大きなモットーで政治はやらねばならない。〔中略〕文明は斯くあるべく、此の文明を全人類に普及さして行くのが政治の目的であるべきだ」

と、日英の植民地統治のあり方を比較した〔鳩山、一九三八、一五―一六頁〕。

アジアの民衆像の相克

日本の力が上昇し、植民地統治国としての自意識が強まっていたこの時期、寄港地で旅行者が抱くアジア人像はいかなる形をとったのであろうか。

前章で着目した「亡国の民」という言葉はこの時期にもしばしば用いられている。一九一九年春、前年来の滞英中にかかった病が癒えて帝国航路で帰国の途についた、東伏見宮付宮内事務官高橋晫《あきら》は、エジプトのポートサイドで、「土人」は夜になって酒を飲むのと音楽を楽しむということ以外に仕事がないとしつつ、「我日本国の青年諸君に、絶叫して物申さむ、国亡びて山河ありちょう言の葉を、如何に解し給うぞ、嗚呼埃及《エジプト》の惨状は如何、主権は存在の実なく、実権は他国人の手に渡り、己等は只牛よ馬よと追い使われて、僅少の路銀を、狺然《ぎんぜん》として〔ほえたてる犬のように〕争う其態《そのさま》は、鶏群に一《いっ》掬《きく》の残飯を投与する時に髣髴《ほうふつ》として居る、文臣銭を愛し武人死を惜まば、埃及の惨状来るの時である」と論じた。さらにセイロンにおいても、かつての王国が瓦解した後、亡国の遺民はただ食色と鳴物に浮身をやつすようになったのは、運命とはいいながら同情にたえないとし、「埃及の亡国を見て、熱涙涔々《しんしん》として降り、印度の惨状を識って、憂心戚々《せきせき》たるものがある」と記したのである〔高橋、一九二〇、七七、一六三頁〕。

その少し後ヨーロッパに向かった新聞記者山田毅一も、コロンボで旅行者に群がって金銭を求める人々を見て、「亡国民の態度悲むべし」と慨嘆した〔山田、一九二〇、五〇頁〕。また二一年、杉山益一郎は上海において労働者が朝から酒を飲んでいる光景に接して、彼らに対して「亡国の民よ」と言ってやりたいという気持を抱いたという。その杉山はエジプトでピラミッド見物をした際のラクダの曳き子たちの金銭への汚さに、「エヂプトの今日ある事が偶然でないことが知れた」という感想を書き留めている〔杉山、一九二五、三四、八八頁〕。二七年、東京高等師範学校を退職した直後に欧米に日本の初等教育を紹介するべく帝国航路をたどった水戸部寅松は、コロンボで、タバコを与えてやった若者が日本人万歳というのを聞いた。それは、イギリス人が現地人に口をきかないのに対して、日本人は口をきいてやるためだ、との説明を受けた彼は、そこに「亡国の民」の心理のあさましさを見出したのである〔水戸部、二〇一三、一二〇頁〕。

アジアの人々と日本人との間に深い隔絶を見る「亡国の民」観は、このように根強かった。一方この時期には、アジアの人々、とりわけ中国人への共感の情を記す旅行者もいたことに注意しておきたい。

二二年、フランス船アゼー・ル・リドー号（ドイツから押収した船にフランス名がつけられた）の二等船室で同船した中国人船客の多くと仲良くなった歴史家煙山専太郎は、サイゴンで中国人学校を訪れ、そこで見せられた学生の作品にいたく感心した。中でも「論上海之公園」と題する詩が上海での中国人差別を批判しているのに同感し次のように感じたことを、後に回想している。

余も上海で大に同様の感じをした。日本人たるもの須《すべから》く卒先して、支那人に対するかかる不公正の待遇を改めしむべしなどとも考えたのであった。日本の青島占領を憤慨して居るのもある。〔中略〕余は、偉大なる支那民族の前途を祝福しつつ、別《わかれ》を此学校に告げた〔煙山、一九二八、一七一一八頁〕。

同じ二二年、前香川県知事佐竹義文は、上海の中国人街はフランス租界に接していながら不潔きわまっていると観察しながらも、中国人が活発に懸命に働いていることに感嘆した。さらにシンガポールでは、中国人が商業で活躍していることに目を留め、「えらい国民だとも思う。東洋民族の兄貴だとも思う」との感想を抱いた〔佐竹、一九二五、八、二〇頁〕。

寄港地におけるアジアの人々の間の関係について、冷静な観察の視線を注いだ人物として、警察による圧迫を逃れ、二二年に日本を「脱出」してヨーロッパに渡った無政府主義者大杉栄をあげることができる。大杉は香港の港を眺めながら中国人学生の愛国的憤慨の言葉を聞いて共感の念を覚えたが、彼らが金銭問題にからんで同じ中国人の車夫をなぐったり蹴ったりするのを見て、彼らに対する同情心がなくなってしまうのを感じた。「救いはこんな愛国者からはこない」と彼は思ったのである。さらにサイゴンでは王侯のような態度をとっているフランス人の下で多少とも人間らしいのは中国人かインド人であり、安南人は皆乞食のような生活をして小さくなっている、と観察した。大杉は同じことをシンガポールでも感じ、店らしい店を出しているのは中国人かインド人だけで、「土人」は土百姓か苦力《クーリー》であると記している。同時に中国人やインド人の中に「土人」と同じような見すぼらしい姿で苦力となっている者がいることも、彼はきちんと観察している。「このシナ人や印度人や土人の苦力どもは、まるで犬か馬かのように、その痩せ細った裸のからだを棒でぶたれたり靴で蹴られたりしながら、働いているのだ」と述べているのである〔大杉、一九七一、四〇二―四〇五頁〕。

アジアの人々に対する屈折した気持を示したのが、武者小路実篤である。三六年に帝国航路を旅した武者小路は、香港でもシンガポールでも中国人の存在感の大きさを感じた。そして、コロンボに上陸して中国人の勢力を感じなくなった時、「支那人は日本人を今の処好んでいない。しかし僕は支那人に矢張り親しみをもつ」という実感を抱いたのである〔武者小路、一九八九a、一九頁〕。さらに、マレー人やインド人について、ヨーロッパ滞在中にベルリンで次のような見解を書き留めているのが注目される。

僕は西洋人は嫌いではないが、いくらか反感を感じる、それは相手がこっちを侮辱しているだろうという僻《ひが》みが、いくらか手つだっている。こっちでは相手の優秀さを認める必要を感じないのだが、向うでは一人でそう感じているように思われる。之はいくらか僻みにちがいないが、しかし東洋人にたいし、殊にマレー人やインド人にたいしては、そう言う反撥は感じないで、すなおな気持で見られる。露骨に言うといく分、自分の方が優秀だと言う感じが内心しているのかも知れない。もしそうだと僕はすまぬとも思うが、しかし何と言ってもすなおに親しめる〔武者小路、一九八九a、三二一頁〕。

武者小路は、ヨーロッパ人への批判的視線を帝国航路での体験で育んでいた。西洋人の船客の印象から発して、「精神的に於ては彼等〔西洋人〕は少しもまさっていない。それだけ反感を持つ必要は認めない。簡単人種に思われる。活動的であっても、頭は化石しかけている。〔中略〕彼等が我等東洋人より自分達がまさっていると思ったら、それは滑稽である。彼等は背が高いと云うよりは他に自慢す可き何物も持っていない」と彼は考えたのである〔武者小路、一九八九b、一七八頁〕。その武者小路は結局のところ、西洋列強による支配からのアジアの「解放」という「大東亜戦争」支持姿勢を鮮明にしていくことになる。

帝国航路でアジアの人々に一定の共感を抱いたとしても、それは日本の帝国主義的政策への批判には結びついていかなかったのである。その点、歴史家羽仁五郎の帝国航路体験は興味深い。

二一年、二〇歳の時に東京帝国大学を休学してドイツ留学の旅に出た羽仁（当時は羽仁説子との結婚前で森五郎という名前だった）は、ハイデルベルク大学で歴史哲学を学んだ後、二四年に帰国した。その帰り道の帝国航路での感想を彼は後年次のように書き記している。

一九二四年の春、ぼくはハイデルベルクをたって、マルセイユから船にのり、日本にかえってきた。その途中に船がとまったインドまた中国の港で見るインドの民衆、中国の民衆のしいたげられた生活は、ぼくがいま二年あまり見てきたヨオロッパの民衆の生活とまさに対照的に、深刻の印象をあたえた。／ハイデルベルクの大学病院の病室でわかれてきた糸井靖之の期待にしたがって、ぼくは日本にかえって日本の歴史、日本の問題を研究することを決意したのだが、その日本の問題は、このインドの民衆、中国の民衆の問題と共通する日本の民衆の問題でなければならなかった［羽仁、二〇〇一、一五五頁］。

同様の趣旨は、息子の進に向けた『父が息子に語る歴史講談』のなかにも書かれている。いずれも、長年月を経た時点での回想であるため、文字通り受け止めることには慎重さが必要であることは言をまたないが、インド、中国の状況を視野の中心に置きながら明治維新の世界史的前提を論じた「東洋における資本主義の形成」（一九三二年に『史学雑誌』に原載）に、この旅の影を見ることはあながち的外れとはいえないであろう。

コラム……4 日米・日英交換船

英米との開戦後、帝国航路の一部は、三度にわたり、日本と米国、日本とイギリスが外交官や民間人を交換する交換船のルートとして用いられた。日米間の交換船は一九四二年夏と四三年秋の二度航海し、日英間の交換船は四二年夏から秋にかけて就航した。

第一次日米交換船は、都留重人、武田清子、鶴見和子と鶴見俊輔の姉弟など、第二次世界大戦後の日本で代表的な知識人となる人々を運んで帰っている。彼らはスウェーデン船のグリップスホルム号で四二年六月一八日にニューヨークを発ち、ブラジルのリオデジャネイロを経てアフリカの喜望峰を回り、アフリカ大陸東岸のポルトガル領ロレンソ・マルケス(現在のモザンビーク首都マプト、ポルトガルは中立国だった)に着いた。そこで、日本からの引き揚げ外国人を載せて香港、サイゴン、シンガポール(昭南)を経由してきた浅間丸、および上海からの引き揚げ者を積んでシンガポールで浅間丸に合流したイタリア船コンテ・ベルデ号に乗り換えた。その交換後、両船は、シンガポールを経由して、八月二〇日に横浜に帰着したのである。交換された人数は日米それぞれ約一五〇〇名であった。

日本の支配下に入ってまだ半年ほどしかたっていなかったシンガポールに彼らが着くと、まるで凱旋将軍を迎えるような雰囲気がみられ、それを伝える新聞は「陸に海に渦巻く〝万歳〟」という見出しが躍った[泉、二〇〇五、一四五頁]。都留重人は、その万歳の声を聞きながら、皮膚の色が白赤く陽に焼けた一群のカーキ・ショーツの人々が港でつくねんと立っていることに気づいた。「さてはこれは白人の捕虜か何かで、強制労働をさせられている一団ではないかと思う」と、彼は日記に記している[都留、一九七六、四一六頁]。シンガポールは、白人が君臨するイギリスの帝国航路の要地であった時とは、様相を全く異にしていたのである。

この第一次日米交換船について後に詳細な回想談を

行った鶴見俊輔によると、グリップスホルム号で感じられていた乗客の間のデモクラティックな雰囲気は、ロレンソ・マルケスでの交換後には別の社会体制になったように変わり、反戦派と戦争推進派の間の違いがはっきりしてきた。そしてシンガポールを出ると、さらに空気が重苦しくなった。鶴見の場合は、そうした変化を実見したことが日本社会についての彼なりの洞察を行う糸口となり、戦後の「共同研究・転向」につながっていった[鶴見他、二〇〇六、一〇二、一五六、一七一、四六七頁]。あくまでも回想談であることを考慮し、鋭敏な政治意識をもった鶴見は稀な例であると考えたとしても、ここからは交換船の空気をうかがうことができる。

　日英交換船も、第一次日米交換船と同じく、ガダルカナル島の攻防戦などで、戦争の局面が変わりつつあったこの時期に運航された。交換地はやはりロレンソ・マルケスで、そこにはイギリスのリヴァプールからエジプト船のエル・ニル号が、インドのボンベイからイギリス船シティ・オブ・パリス号が、オーストラリアのメルボルンからイギリス船シティ・オブ・カンタベリー号が、日本人引き揚げ者を載せて四二年八月末から九月初めにかけて到着した。ボンベイからの乗客は、英領マラヤやオランダ領東インドなどで四一年一二月の開戦直後に抑留されインドに移送されていた人々を含み、メルボルンからはニュージーランドにいた人々も乗船していた。エル・ニル号とシティ・オブ・パリス号の引き揚げ者は龍田丸でシンガポールを経由し、シティ・オブ・カンタベリー号の帰還者は鎌倉丸でシンガポールと香港を経て、横浜に帰着した。

　エル・ニル号ではエジプト人船員が日本人を歓迎してくれ、食料も豊富であったのに対し、オーストラリアなどでの激しい反日の空気を反映したシティ・オブ・カンタベリー号の待遇は悪く、食料は不足気味であった[泉、二〇〇五、一五二、一五九頁]。戦争をめぐる帝国世界の構図がこの違いに示されていたといえよう。

　交換後の日本船と寄港地の印象については、イギリス駐在の代理大使であった上村伸一が次のような回想を記している。

　竜田《〔ママ〕》丸に乗り込んで真先きに感じたことはいかに

も軍国調の重苦しい空気であった。イギリスやエル・ニル号上の空気とは全く違っていた。誰かが食堂でこの米はエジプト米よりはまずいねと口走ったら、そばにいたボーイさんから、日本でそんなことをいうと殴られますよとたしなめられた。万事がそういう調子で何となく圧迫感を感じたものである。船はロレンソマルケスから、シンガポールに直行した。そこでは、イギリスやオーストラリアの捕虜が半裸姿で道路工事などに働いていた。彼らはいずれ連合国軍がシンガポールを奪回して彼らを救ってくれると信じているとのことであった［上村、一九六六、一四五―一四六頁］。

一方、シティ・オブ・カンタベリー号で食事に恵まれなかったオーストラリアなどからの帰還者は、鎌倉丸に乗り移ると、赤飯と尾頭付きのご馳走に感激した［小田桐、一九九一、二四三頁］。

ちなみに、北米・南米に長期間にわたって在住していた人々を多くのせた第二次日米交換船が航海した四三年秋にはすでに戦況が日本軍に不利な方向に変化しており、引き揚げ者交換後（今度の交換はインド西岸のポルトガル領ゴアで行われた）、日本船帝亜丸に乗り移った人々が何よりも驚いたのは食事のひどさであり、皆日本に戻ってからの食料難を思って唖然とした［泉、二〇〇五、一六八頁］。

戦前からシンガポールに居住し、開戦後にイギリス軍に抑留された後、日英交換船でまたシンガポールに戻った一人の日本人が、そこで白人捕虜の姿を見て何を思ったのかを紹介して、このコラムを閉じることにしたい。

南洋商会社員として開戦の八年前からシンガポールで勤務していた高井義昌は、インドでの抑留中にシンガポール陥落のニュースに接し、「万歳！　万歳！　万歳！　感激の余り言う言葉も無し。〔中略〕今日を以て英領馬来、英領シンガポールは共に完全に世界歴史よりその姿を没し輝かしく日本領馬来、日本領新架坡となり永久に栄え栄えんとす！」と、日記に記した［伊藤、一九九一、七九頁］。そして、交換船で戻ったシンガポールで英人捕虜をあわれとも思ったものの、すぐ次のような感懐を抱いたのである。

　奴等が十ケ月前迄に我々在留邦人に対してなした

事、否我《いな》が祖国に対して為したこと、更に百二十年間世界、就中《なかんずく》極東に於て採った行動を省みる時、……

可愛想も、同情もヘチマも吹きとんでしまって当たり前だ〔伊藤、一九九二、八四頁〕。

エピローグ——帝国航路とアジア・ヨーロッパ

敗戦国民の旅

一九四五年八月、日本の降伏によって、上海、香港やシンガポールはアジア・太平洋戦争期における日本の支配から解放された。このなかで上海は、租界をもっていた列強が中国との協力のため戦争中の四三年に租界返還に合意していたため、中国の国民党勢力の支配下に入ることになった。しかし、香港とシンガポールには、イギリスが統治国として戻ってきた。イギリス政府は日本に奪われていたこれらの領土を戦後も維持することを強く決意していたのである。

香港をめぐっては中国内で奪還を求める声も強かった。しかし国民党の指導者蔣介石は、共産党勢力との抗争に力点を置き、英米との協調関係を重視して(米国はイギリスの復帰を支持する姿勢をとっていた)イギリスの復帰に抗しなかった。日本軍の降伏を中国とイギリスのいずれが受けるかという点をめぐっては競合関係が生じたものの、香港ではイギリスが降伏を受諾するという形で合意が成り、四五年九月一六日に降伏式が行われた[Carroll, 2007, p. 128]。

シンガポールでのイギリス側への日本軍の降伏式はそれよりも早く九月四日に実施された。この降伏式に際して、日本側は正装で身を固めていたのに対し、このためにインドから急いでやってきたイギリス側にはそうした服装の替えもなく、よれよれの戦闘服のままであらわれた。彼らに対して日本のある将校が「二時間の遅刻ですね」と言ったところ、「ここでは東京時間は通用しません」という答えが返ってきた[Bayly & Harper, 2007, p. 50]。勝者と敗者の間には、当然のことながら服装では覆い隠せない落差が存在したのである。

戦後、帝国航路によってヨーロッパに出かけはじめた日本人旅行者がまず痛切に感じたのも、敗戦国民としての屈辱感であった。四八年に渡仏した画家荻須高徳と五〇年に同じく渡仏した作家遠藤周作の旅に即して、その状況を紹介しておこう。日本は、五二年四月の講和条約発効まで連合国軍（米軍と英連邦軍）の占領下に置かれ、日本郵船のヨーロッパ航路が復活したのは講和発効直後の五二年六月である。したがって、彼らの旅は外国船によるものであり、荻須はイギリス船を、遠藤はフランス船を用いて渡仏した。

荻須は戦前にフランスで暮らした経験をもっていたが、敗戦以来外国人に対して臆病になっており、「世界各国から裁きを受けつつある今日の日本の国情であってみれば、いたし方ないと、船に乗り込んでも、私はできるだけ船室におとなしくしていた」[荻須、一九五一、六頁]。戦勝国の船に乗り込んだ敗戦国民である彼は、コロンボに着くまでは寄港地での上陸を許されなかった。したがって、上海、香港、予想外の寄港地であったマニラ、さらにシンガポールでの印象は、現地に足を踏み入れることができない状況下のものであったが、敗戦国民としての意識をますます強める結果となった。

上海での荻須の第一印象は、中国人男女の服装がさっぱりして美しく見えたことであった。本書で強調してきたように、戦争前までの日本人旅行者は一般の中国人について汚いとか不潔とかいう感じを抱くことが多かった。しかし荻須によるとそれは「昔のこと」であり、「戦争以来の日本人があまりにもきたなくなっているその目で」見る中国人のイメージは大きく異なったのである〔荻須、一九五一、七―八頁〕。

マニラでは、日本人乗客（三人だけだった）に警官の見張りがついた。荻須の係りの警官は日本語で「オハヨー」と言い、戦争中に日本の○○（原文ママ）になぐられた話などをした。日本による占領の痕跡がこうしてまだ生々しいことを実感するなかで、「平和」「デモクラシー」「トモダチ」といった言葉も耳にした荻須は、それをうれしいと思った〔荻須、一九五一、一二頁〕。

インド洋に出るまでの寄港地ではどこでも中国人が多いので、荻須が自分も中国人に見えるかと思いつつ甲板に立っていると、突然あやしげな日本語で声をかけられた。彼としては、「かって日本人が、「コラコラ、オマエ」式にどなってきた日本語で、当分いたるところ、そのままあびせかけられると思えばよい」と思う以外になかった〔荻須、一九五一、一九頁〕。こうした経験をした後、コロンボで初めて陸地に上がることができた荻須は、次のような感懐を抱いた。

思えば今まで通ったどんな地点においても、長いあいだの戦争で被害を被っていないところはなかったのであるし、日本人というと未だ特別の目で見られ、扱われるのは当然であった。ここではそれを感ずることがない。／はじめて久々に見る戦禍を被っていない地なのである〔荻須、一九五一、二二頁〕。

アジア・太平洋戦争中に日本が占領地で行ってきたさまざまな行為がしっぺ返しを受けていることについて、荻須は醒めた態度で対応したといえよう。

その後荻須は、スエズ運河やエジプトでイギリスの帝国支配をめぐる緊張状態に接することになる。スエズ運河でスケッチをしようとした時、船のチーフ・オフィサーに止められ、またアレクサンドリアでは、日本人だけでなく他の国籍の乗客も上陸を許されなかったのである。荻須は「今戦時状態のエジプト」と形容しているが、その半年前にはイスラエルの建国をめぐってエジプトを含むアラブ諸国とイスラエルとの間で戦争(第一次中東戦争)が勃発し、まだ継続中だった。イスラエル建国につながるイギリスのパレスティナ政策は、イギリス帝国の崩壊過程で最も大きな禍根を後に残したが、日本帝国の解体によって生じた空気を吸った荻須は、こうしてさらにイギリス帝国の解体をめぐる変化にも接したのである[荻須、一九五一、二二六、二二八―二二九頁]。

それから二年後の一九五〇年の秋に、若い作家遠藤周作はフランス留学に旅立った。乗った船がフランス船マルセイエーズ号であったため、彼はサイゴンや紅海のジブチにも立ち寄っている。荻須がエジプトで実感したヨーロッパ列強の帝国支配終焉の空気を、遠藤はサイゴンで吸った。サイゴン河に船が入っていった時、乗客が言われたのが、窓から顔を出してはいけないということであった。フランス支配からのインドシナの独立を求める戦争(第一次インドシナ戦争)が四六年末から継続していたため、「反乱軍」がいつフランス船を狙撃してくるか分からないからであった。サイゴンでは、街路樹の陰から鉄砲をもった男が現れてきて、遠藤たちを尋問した[遠藤、二〇〇〇e、一一頁;二〇〇〇d、四〇九頁]。

フランスの植民地兵もアジアに動員されており、マルセイエーズ号の四等船客であった遠藤と同船したのも、多くが日本人戦犯を横浜まで送ってきた後インドシナに戻っていく黒人兵であった。遠藤は彼らの人がよいのにまずは安心した。また香港からは中国人も乗り込んできた。「船の最も下底で、中国人、黒人と雑魚寝し、くるしい暑さに耐えてジッとしているのは亦面白い」と、多少やせ我慢をした彼であったが、シンガポールに着いた時には、「もう、四等なぞには絶対のらない。少なくとも二等でなければ、快適な船旅はおろか人間以下の扱いである」という感想をもらしている。サイゴンでこそ上陸できたものの、香港やマニラ、シンガポールでは敗戦国民として日本人はまだ上陸禁止であったため、港に着いても彼は四等船室の「すさまじい暑さの船艙でじっとしていなければならなかった」のである［遠藤、二〇〇〇e、一一、一三頁：二〇〇〇c、三四一頁］。

この旅で遠藤が大きな衝撃を受けたのは、強く実感した人種差別であった。日本への帰国後一九五六年に発表した「有色人種と白色人種」という文章には、船のなかで白人のボーイに汚い黄色人と呼ばれたことが記されている。それは彼が「生れて始めて皮膚の色によって軽侮を受けた経験であった。黄色人である私が白人のなかに投げだされた最初の時」だったのである。そうした人種差別の実感は、サイゴンで白人女性のベトナム人女性に対する態度を見ることなどによって強まり、フランス滞在中にも、市電で隣に座りかけた女性が彼を認めると下車するふりをして隣の車両に移ったり、汽車のなかで「黄色人は黒人のように醜いな」「兎に角、彼等は野蛮《ソウバージュ》だよ」という若い兵士の言葉を耳にしたりしたことで、増幅していった［遠藤、二〇〇〇a、二一〇―二一二頁（ルビ原文）］。その前年の五五年、遠藤は『白い人』によって芥川賞を受賞したが、この作品やそれと対になる『黄色い人』の底流に存在する人種差別への批判意識は、フランスへ向かう船旅のなかでまず芽生えたのである。

ただし、遠藤自身も人種差別意識を免れていたわけではなかった。マルセイエーズ号はマニラにも寄港したが、そこで突然日本人乗客を対象とする検査が行われた。彼はそれを不愉快に感じたが、とりわけ黒人のボーイの日本人乗客に対する態度を「礼を失したるもの」と思い、強い不快感を覚えた。そこで彼がとった行動は、一緒にフランス留学に向かっていた日本人の一人とともにその黒人ボーイを甲板に連れて行って「つるしあげる」ことであった。日記では、「大の男のくせにこちらが強くでれば小さくなるのが彼等の通性なり」と記され、さらに「中国人は段々図々しくなる」という感想も付け加えられている。またコロンボでは、そこで働いているのはすべて原住民であってイギリス人は奥深いところで豪奢な生活を営んでいると、「完全な搾取」の様相を注視する一方で、「原住民たちはおおむね怠け者である。道に坐って、ぼんやり人の通るのを見ているもの多し。不潔の点に至っては言うべき言葉もない」と、現地人に対する蔑視感を露わにしている［遠藤、二〇〇〇e、一〇、一四頁］。リヨンでの留学中、フランス人学生が表面上黒人学生を平等に扱うように見せながら、陰で黒人は先天的に怠け者だといっていることに「白人という事だけ」での優越感をかぎとって、遠藤は不快感を覚えているが、この頃彼自身の中に黒人や他のアジア人に対する優越意識がなかったとは言いがたいのである。

こうしたさまざまな経験を遠藤にもたらした船旅の性格をよくあらわす一節が、彼の日記のなかにある。サイゴンからインドシナ人、マレー人、中国人が彼と同じ四等船客として新たに多数乗り込んできた際に彼が記した次のような感想である。

人種的差別、資本主義的階級制は依然として存在する。例えば、この船の中で、ぼく等は過去のぼく等の価値を証明すべき何の証明も持ち合わせていない。／すべての判断は室の等級によって判定される。どんな馬鹿でも一等船客でありさえすれば、彼等は船中における万福《ママ》的自尊心を充たしうる。四等船客は代りに最大の屈辱を味わわされる。これは西欧の本国と植民地との関係だ〔遠藤、二〇〇〇e、一二一—一二三頁〕。

ヨーロッパの船の最下級の船室に乗り込んだ有色人種、しかも敗戦国の人間としてさまざまに重層した屈辱感を抱きながら、遠藤はフランスに向かったのである。

脱植民地化の風のなかで

一九五二年、敗戦国としての日本の被占領状態が解消すると、日本郵船や大阪商船のヨーロッパ航路が復活し、旅行者の数も増えていった。ただし、日本人の海外旅行が自由化したのは六四年四月であり、それまでは、旅行者は研究者や経済関係者などに限られていた。そうした人々は、帝国航路のそこここで相変わらず戦争の痕跡を感じつづけた。水産庁の漁業調査船の船医として帝国航路に似た航路をたどった作家北杜夫は、彼を世に出した『どくとるマンボウ航海記』のなかで、シンガポールの植物園において「カシラー、ナカ」という言葉を投げかけられ、最初は皮肉っているのかと思ったが、話を聞いてみるとなつかしがっていることが分かった、という体験を記している。彼が現地に駐在している商社員に尋ねてみたところ、そうした言葉を発するのは、日本軍のシンガポール占領期に日本軍が作った兵補というマレー人部隊に入っていた者だろうという答えが返ってきた〔北、一九七六、二八頁〕。

北がこの航海に出たのは五八年秋である。その前年五七年夏にマラヤは独立し、翌五九年にはシンガポールが自治権を獲得した。四七年のインドとパキスタンの独立から始まったイギリス帝国の脱植民地化の過程が加速化していたのである。ただ、イギリスはそのような脱植民地化の動きを積極的に推進したわけではない。イギリスが帝国支配下の権益継続と影響力の保持をできる限り行おうとしていたことは、その二年前五六年秋に起こったスエズ戦争でよく示された。ナーセル大統領の率いるエジプトがスエズ運河会社を国有化したことに対し、イギリスとフランスはイスラエルと共謀して軍事行動を起こしたものの、国際世論の強い批判の前に撤兵を余儀なくされたわけであるが、この英仏の動きは、帝国主義の時代を髣髴させる時代錯誤的な帝国支配国の行動にほかならなかった。

北杜夫は、同じ航海の途中、スエズでいろいろなものをたかられて、「こうした植民地的貧困の残渣は、現在この国に澎湃とみなぎっているナショナリズムの息吹きと一見奇妙なふうに入りまじっている」という印象を抱いた[北、一九七六、四一頁]。さらにおそらくポートサイドにおいてであると思われるが、次のような経験をしている。

スエズ動乱で銃弾をうけた建物や、至るところに貼られたポスターは私に感銘を残した。ポスターは赤子をしかと抱いた若い母親の図である。背後に空爆をうけて黒煙をあげている街が画かれている。母親の顔は絶望にみち、その目は虚空をみすえている[北、一九七六、四二頁]。

このポスターに示されたような苦悶をかつての支配地域の人々に強いながら、支配国としての力の保持に汲々とするイギリスの姿は、帝国世界崩壊の構図を旅行者につきつけた。スエズ戦争の翌年に帝国航路を通ったイギリス史家越智武臣は、約一年のイギリス留学を終えた頃の思いを以下のように回想している。

「あの国はいったい「国家」だったのか、それとも、「世界」だったのか」などと、とつおいつ考えていたころのことであった。同じ島国でも、故国日本とはどだい違うではないか。われわれ戦中世代にとっては忘れえない焼け跡のまだ残る神戸を出て、往きも帰りも寄港した香港、シンガポール、ペナン、コロンボ、ボンベイ、アデン、それに前年の事変のために、やっと通れたものの、スエズ運河沿いの惨憺たる光景が、いつまでも眼底にちらついていた。それにしてもどこもかしこも何という荒廃。「これがイギリスなんだ、イギリスとはあの緑の島だけではない。」そんな感慨が深かった［越智、一九九六、一八四頁］。

本書で検討してきたように、開国期以降、帝国航路を旅する日本人が眼にしてきたのは、イギリスの強大な力であり、各地域の人々がそれに屈従する姿であった。越智の問いに即していえば、「世界」としてのイギリスが君臨する空間が帝国航路だったのである。イギリスは確かに「あの緑の島だけ」ではなかった。しかし、一九五〇年代後半のこの時、「世界」としてのイギリスの姿は、眼に入る「荒廃」の情景と結びつけられるものになってしまっていたのである。

一九五九年秋から渡欧したポルトガル史、日欧交流史の研究者松田毅一は、スエズで船を降りて陸路カイロに向かった。その際、三年前のスエズ戦争はまだ終わっていないから、エジプトでの言論に注意しないと後でイギリスやフランスへの入国を拒否されるかもしれないという警告を受けた。さらにカイロに向かう自動車の運転手から聞いた話を彼は、こう書き留めている。

もはや一人のイギリス人だってスエズにはいないのですよ。エジプト全国でも、数名の技師を除いて英仏人は居りません。英国人の心は悪いとは思いませんが、その行為は悪かった。フランス人に至ってはその行為のみならず、心まで悪い。彼らは九千人のエジプト婦女子をポートサイドの街頭で殺戮したのです。一千機の飛行機は無差別爆撃をやりました。許せない。許せない。エジプトの国旗以外の旗が、私たちの国土にひらめく日はもう二度と来ないのです〔松田、一九六二、九三頁〕。

松田がこの話に注意を払ったのは、彼が帝国航路に見られる世界のあり方の変化に敏感であったからにほかならない。彼はシンガポールでは、「新しい反植民地運動の息ぶきを感じとることはむつかしい。／独立運動の情熱をかきたてるには、あまりにも太陽が酷なのであろうか。さりとてユニオンジャックの旗も色あせて誇らしげには見てとれない」〔松田、一九六二、七一頁〕という印象を抱いた。これは、シンガポールが自治権（外交権などはイギリスが依然として握っており、独立には至らない措置であった）を獲得した直後のことである。しかし、エジプトでは、イギリス帝国の変化を如実に感じたのである。

そうした変化に直面して、松田が世界のなかでの日本とアジアの将来についていかなる考えを抱いたかということにも注意したい。ヨーロッパに着き、盛んな学術交流活動をするなかで、彼は次のような見解を記している。

国際社会における日本の友人は、アジアの諸国を措いてほかにない。白人や黒人の中にいて、中国人や韓国、マラヤ、インド人などと語るときのあの親密感、それらの国を訪れて感じるあの好感、それは他の世界では絶対に味わうことのできないものである。ただ遺憾ながらこのアジアはまだてんでバラバラであり、あまりにも貧困、無教養であり、アジア共同体の意欲がもり上がるのはいったいいつのことかと思われる〔松田、一九六二、二二九―二三〇頁〕。アジアの国々のまとまりは、松田がこう書いた頃から模索が始まり（一九六一年には東南アジア連合という組織が、さらに六七年には現在につづく東南アジア諸国連合アセアンが、冷戦の色に染まりながらも、作られていった）、各地の貧困も徐々に改善していくことになる。しかし、現在に至るもアジア共同体はできていない。そして、日本がアジアの諸国を友人としていくという方向性も、十分な形では追求されてこなかった。松田のこの言葉は未だに非常に重い。

ただし、帝国航路をたどることによって、世界について、世界のなかでの日本について思いを巡らせる時代は、ちょうどこの頃、終わりを迎えることになった。ヨーロッパへ行くには飛行機を使うのが当たり前の時代が始まったのである。

もちろんその後も船旅を選ぶ旅行者はいた。たとえば、中学教員の職を辞して一九六六年に欧米の旅に出た桜田義人は、フランス船で旅をしたが、その理由について、「雲の上を飛ぶジェット機の旅客は、空虚な空間を運搬される荷物のようなものではないか」と述べている。ちなみに当時はベトナム戦争の最中であり、彼の乗ったフランス船はサイゴンに寄ることなく、香港の次はバンコックに寄港した〔桜田、一九七八、四、一三頁〕。

帝国航路と近代日本の軌跡

本書では、一八六〇年代から一九五〇年代までの一世紀の間に、帝国航路を利用して日本からヨーロッパへ赴いた人々、あるいはヨーロッパから日本に戻ってきた人々が、旅の途上で何を見て、何を感じたかについて、彼らのアジア観、ヨーロッパ観、日本観に即して検討を行ってきた。

もとより、本書で取り上げた人々の範囲は、きわめて限定されている。時代を経るに従って、旅する人々の数が増え、多様になっていったにせよ、高価な費用と長い時間をかけて帝国航路をたどった日本人は、現在の海外旅行者に比べて圧倒的に少なかった。本書で旅の記録を扱った人々はそのなかでもまたごく一部である。そのように限られた人々の記録から、どれほどのことを論じられるかという疑問がわいても当然かもしれない。しかし、これらの人々の記録は、近代日本が帝国主義の時代から二つの世界大戦へと大きく変動する世界のなかでたどった軌跡について、多くを物語っている。

帝国航路を旅した人々、とりわけその記録を残し、それが世間の眼に触れる形となって本書で触れることになった人々は、おおよそ近代日本のエリートたちであったといってよい。さまざまな分野で指導的な役割を担う人物も多く、彼らは、帝国世界のなかで国家建設を進め、さらには帝国支配国となっていった日本の姿を背負いながら、帝国航路をたどっていった。その間、帝国航路を取り巻く世界の様相も大きく変化した。本書第Ⅱ章で扱った帝国航路での旅の開始時期一八六〇年代は、いわゆるパクスブリタニカの時代であり、寄港地を支配していたイギリスの力の最盛期であった。そうしたイギリスの勢力は、第Ⅴ章で論じた第一次世界大戦後の時代に至ると著しく動揺していく。旅行者たちは、帝国航路においてそのようなイギリス（あるいはフランス）による植民地支配の様相を眺めながら、ヨーロッパとアジアの関係について思いをはせ、またそれと比較したり関連づけたりしつつ、日本の現状と将来のことを考えたのである。本書で紹介したその様相を簡単にまとめてみれば、以下のようになるであろう。

寄港地では、アジアの人々がイギリスやフランスの支配下で生活していた。本書がまず着目したのは、そうした人々の姿を見て旅行者たちが抱いたアジア人イメージである。旅行者たちは、帝国航路の旅が始まった一八六〇年代の当初から、ヨーロッパに支配されているアジアの人々を「野蛮」視する姿勢をもっていた。それは後になると「亡国の民」という表現を取ることになる。そして、旅行者たちはそのようなアジアの人々と日本人である自分たちとは違うのだという差異感覚を抱き、日本はそうしたアジアの人々の轍は踏まないという考えを一貫してもちつづけた。

そのような差異感覚は、「亡国の民」になることを拒否してヨーロッパの力に抵抗したオラービーへの強い関心という形をとることもあったが、基本的には支配する側のヨーロッパに身を寄せていく姿勢につながっていった。「東方の大島一つの欧羅巴」に日本をしていきたいという志向(七〇頁)は、明治国家建設によって実現していき、帝国航路での日本の存在感は急速に強まった。その結果、第Ⅳ章で扱った一九世紀末から二〇世紀初めの帝国主義の絶頂期になると、ヨーロッパに追いついて競合する日本の姿を旅行者たちは感じるようになる。とはいえ、帝国航路を牛耳るイギリスやフランスの力と、日本の存在感の現実との間のギャップはまだ大きかった。ただこの頃には、実際に植民地保有国となった日本を背景として旅するなかで、植民地統治策のモデルを寄港地での見聞に求める人々もあらわれてくる。さらにヨーロッパ列強と日本の関係に著しい変化をもたらした第一次世界大戦後になると、帝国航路を抑えるイギリスと競合するだけでなく、それに取って代わってイギリスからアジアを「解放」しようとする考えも浮上してきた。同時に、植民地統治策をめぐっても、根強いイギリスモデル論とならんで、日本の統治政策の優位を論ずる旅行者もあらわれてきた。寄港地では、力を増した日本に対する排斥運動も出現したが、日本は勢力拡大の道を突き進み、日中戦争、アジア・太平洋戦争に至ったのである。

本書で記録を取り上げたすべての旅行者が、このような流れにそった観察を行ったわけではもちろんない。なかには、帝国航路での経験をこれとは異なる志向性に結びつけ、イギリスやフランスに追いつき取って代わろうとする母国日本の姿への批判の眼を育んでいった人々も存在した。第Ⅲ章における中江兆民、第Ⅳ章での永井荷風や島崎藤村、第Ⅴ章での羽仁五郎などであり、本書では彼らの考えにも注目した。とはいえ、そのような人々はあくまでも例外的であった。

帝国航路での体験は、本書で触れた旅行者の人生のなかではごく限られた部分であった。帝国航路経験がそれぞれの人物の思想や世界観形成のなかでいかなる意味をもったかという点については、また別個の検討が必要であり、本書ではそこまで立ち入っていない。また、帝国航路体験やそれを含む旅行経験が、旅行をした後の彼らの行動に具体的な影響を及ぼしたのか及ぼさなかったのか、といった点も、若干示唆した場合もあるものの、本書では十分検討していない。彼らの旅行記録を読んだ人々がそれをどのように受け取ったかということも興味深い点であるが、それは全く扱えなかった。

本書では、帝国世界の要地である寄港地での見聞が、そこを旅した日本人の意識にどのような影を落としたのかを、ごく限られた範囲で検討してみたにすぎない。ただ、旅の目的地であるヨーロッパと日本との間に広がる空間で展開していた世界史の動きが、旅する人々の観察を通して日本のなかに入りこんでいった様相は示せたのではないかと考えている。

文献一覧

＊この文献一覧には、本書で直接引用した資料・文献を、旅行者の記録と研究文献とを区分することなく記載した。
＊著者名の五十音順（英文はアルファベット順）に配列してある。中国人著者も日本語読みに即して配列した。
＊旅行者の記録については、出版データの最後の〔　〕に帝国航路の旅行年（二年にまたがる場合は出発年）を記載した。文献の著者・編者が旅行者と異なる場合や、帝国航路以外の旅の記録である場合は、旅行者名や旅行先も〔　〕のなかに示してある。
＊日本語の著者名・書名で旧字体を新字体に直して表記してあるものもある。

赤松範一編、一九七七『赤松則良半生談――幕末オランダ留学の記録』（東洋文庫）平凡社。

浅野長勲、一八八四『海外日録』出版社不明〔一八八二〕。

飛鳥井雅道、一九九九『中江兆民』吉川弘文館。

阿部宗孝、一九三四『欧米旅日記』大日本図書〔一九三二〕。

池辺三山、二〇〇二a「西航記」『日本近代文学館資料叢書〔第一期〕文学者の日記二』博文館新社〔一八九二〕。

――、二〇〇二b「洋航途上消息」『日本近代文学館資料叢書〔第一期〕文学者の日記二』博文館新社〔一八九二〕。

池邉義象、一九〇一『仏国風俗問答』明治書院〔一九〇一〕。

石川三四郎、一九二二『放浪八年記』三徳社〔往路一九一三、復路一九二〇〕。

石川周行、一九九一『世界一周画報』『明治欧米見聞録集成』第三〇巻、ゆまに書房〔原著、東京朝日新聞会社、一九〇八〕〔一九〇八〕。

石附実、一九九二『近代日本の海外留学史』中公文庫。

泉孝英、二〇〇五『日本・欧米間、戦時下の旅――第二次世界大戦下、日本人往来の記録』淡交社。

市川清流、一九九二『幕末欧州見聞録――尾蠅欧行漫録』楠家重敏編訳、新人物往来社(原著、一八六三)(一八六二)。

井出文子・柴田三千雄編、一九八四『箕作元八・滞欧「箙梅日記」』東京大学出版会(箕作元八・一八九九)。

伊藤範子、一九九一「〈資料〉或る戦死者の日記(続二)」『帝塚山論集』七四(高井義昌・帝国航路の一部・一九四二)。

――、一九九二「〈資料〉或る戦死者の日記(続四)」『帝塚山論集』七六。

井上馨侯伝記編纂会編、一九六八『世外井上公伝』第一巻(明治百年史叢書)原書房(井上馨・一八六三)。

入沢達吉、一八九〇「航海日記」『東京医事新誌』六四六号(一八九〇)。

岩松太郎、一九八七「航海日記」日本史籍協会編『遺外使節日記纂輯』第三、東京大学出版会(一八六四)。

岩崎育夫、二〇〇七『アジア二都物語――シンガポールと香港』中央公論新社。

岩田博蔵、一九二九『欧米駈足越中褌』私家版(一九二八)。

巌谷小波、一九〇三『小波洋行土産』上、博文館(一九〇〇)。

丑木幸男、一九九五『蚕の村の洋行日記――上州蚕種業者・明治初年の欧羅巴体験』平凡社。

臼杵陽、二〇一七「「アラブ革命」再考――「アラブの春」とオリエンタリズム的伝統」『歴史評論』八一〇号。

江口朴郎、一九八六『世界史の現段階と日本』岩波書店。

榎本泰子、二〇〇九『上海――多国籍都市の百年』中公新書。

遠藤周作、二〇〇〇a「有色人種と白色人種」『遠藤周作文学全集』第一二巻、新潮社(原載、『群像』一九五六年九月号)(一九五〇)。

――、二〇〇〇b「わが小説」『遠藤周作文学全集』第一二巻、新潮社(原載、『朝日新聞』一九六二年三月三〇日)(一九五〇)。

――、二〇〇〇c「原民喜」『遠藤周作文学全集』第一二巻、新潮社(原載、『新潮』一九六四年七月号)(一九五

○〕。
──、二〇〇〇d「出世作のころ」『遠藤周作文学全集』第一二巻、新潮社〔原載、『読売新聞』一九六八年二月五―一三日〕〔一九五〇〕。

──、二〇〇〇e「作家の日記」『遠藤周作文学全集』第一五巻、新潮社〔一九五〇〕。

桜洲山人、一九六八『漫游記程』明治文化研究会編『明治文化全集7 外国文化篇』日本評論社〔原著、私家版〈中井弘〉、一八七八〕〔中井弘〈桜洲〉・一八七六〕。

大崎清作、一九二七『欧米の実際を見て』博文館〔一九二六〕。

大杉栄、一九七一『自叙伝・日本脱出記』岩波文庫〔原著、改造社・アルス、一九二三〕〔一九二二〕。

大橋乙羽、一九〇〇『欧山米水』博文館〔一九〇〇〕。

大橋新太郎編、一九〇一『欧米小観』博文館〔大橋乙羽・一九〇〇〕。

岡義武、一九九七『岡義武ロンドン日記一九三六～一九三七』岩波書店〔一九三六〕。

小笠原長生、一九〇三『英皇戴冠式参列渡英日録』軍事教育会〔一九〇二〕。

岡田摂蔵、一九八七「航西小記」日本史籍協会編『遣外使節日記纂輯』第三、東京大学出版会〔一八六五〕。

岡本隆司・箱田恵子・青山治世、二〇一四『出使日記の時代――清末の中国と外交』名古屋大学出版会。

荻須高徳、一九五一『パリ画信』毎日新聞社〔一九四八〕。

小田桐誠、一九九一「たった一度の日英交換船」『宝石』一月号。

越智武臣、一九九六「ロレンスの文学思想――イングリッシュリーを求めて」『英国文化の世紀5 世界の中の英国』研究社〔一九五七〕。

小野賢一郎、一九一九『世界のぞ記』正報社〔一九一九〕。

小野沢あかね、二〇一〇『近代日本社会と公娼制度――民衆史と国際関係史の視点から』吉川弘文館。

郭嵩燾、一九九八、『使西紀程』銭鍾書主編『中国近代学術名著叢書――郭嵩燾等使西記六種』三聯書店〔原著、一八七七〕〔一八七六〕。

片岡覚太郎、二〇〇一『日本海軍地中海遠征記——若き海軍主計中尉の見た第一次世界大戦』河出書房新社〔一九一七〕。

加藤完治、一九二九『滞欧所感』一笑会〔一九二六〕。

——、一九四二『訪欧所感 一次』地人書館〔一九二二〕。

加藤久勝、一九一八『魔海横断記』大江書房〔一九一七〕。

仮名垣魯文、一九五八『西洋道中膝栗毛』上・下、岩波文庫〔原著、萬笈閣、一八七〇—七六〕。

上村伸一、一九六六『破滅への道——私の昭和史』鹿島研究所出版会〔帝国航路の一部・一九四二〕。

川路柳虹、一九五三『黒船記——開国史話』法政大学出版局〔川路寛堂・一八六六〕。

川村伸秀、二〇一三『坪井正五郎——日本で最初の人類学者』弘文堂〔坪井正五郎・一八八九〕。

北杜夫、一九七六『どくとるマンボウ航海記』『北杜夫全集』第一一巻、新潮社〔原著、中央公論社、一九六〇〕〔一九五八〕。

木畑洋一、二〇一二「「帝国の総力戦」としての第一次世界大戦」メトロポリタン史学会編『二〇世紀の戦争——その歴史的位相』有志舎。

——、二〇一四『二〇世紀の歴史』岩波新書。

久米邦武編、一九八二『特命全権大使米欧回覧実記』五、岩波文庫〔原著、博聞社、一八七八〕〔久米邦武・一八七三〕。

煙山専太郎、一九二八『再生の欧米を観る』実業之日本社〔一九二二〕。

元帥上原勇作伝記刊行会編、一九三七『元帥上原勇作伝』上、元帥上原勇作伝記刊行会〔上原勇作・一八八一〕。

小泉タエ編、一九九四『留学生小泉信三の手紙』文藝春秋〔小泉信三・一九一二〕。

小谷汪之、一九九一『歴史と人間について——藤村と近代日本』東京大学出版会。

小南又一郎、一九二三『大戦後の欧米見聞』似玉堂〔一九二〇〕。

小森陽一、二〇〇六『レイシズム』〔思考のフロンティア〕岩波書店。

コルバン、アラン、一九八八『においの歴史――嗅覚と社会的想像力』新評論。

斎藤茂吉、一九五二『つゆじも』『斎藤茂吉全集』第一巻、岩波書店(原著、岩波書店、一九四六)(一九二一)。

――、一九五三『遍歴』『斎藤茂吉全集』第二巻、岩波書店(原著、岩波書店、一九四八)(一九二四)。

酒井啓子、二〇一三「砂漠で待つバラと、片思いの行方」『みすず』七月号。

阪本喜久吉、一八九六『雲海紀行』東京堂(一八九六)。

相良徳三、一九三一『私の欧洲土産話』玉川学園出版部(一九二九)。

桜井鷗村、一九〇九『欧洲見物』丁未出版社(一九〇八)。

桜田義人、一九七八『海外遊記――船の旅・欧州の旅』私家版(一九六六)。

佐竹義文、一九二五『欧米を縦横に』宝文館(一九二二)。

佐和正、一八八四『航西日乗』上、私家版(一八七九)。

篠田治策、一九二八『歐洲御巡遊随行日記』大阪屋号書店(一九二七)。

柴田剛中、一八六二「日載」(神戸市文書館所蔵史料)(一八六二)。

渋沢栄一、一九三七『渋沢栄一自叙伝』渋沢翁頌徳会(一八六七)。

渋沢青淵記念財団竜門社編、一九五五『渋沢栄一伝記資料』第一巻、渋沢栄一伝記資料刊行会(一八六七)。

島崎藤村、一九六七a『海へ』『藤村全集』第八巻、筑摩書房(原著、実業之日本社、一九一八)(往路一九一三、復路一九一六)。

――、一九六七b『エトランゼエ』『藤村全集』第八巻、筑摩書房(原著、春陽堂、一九二二)(往路一九一三、復路一九一六)。

島村抱月、一九二〇a「海上日記」『抱月全集』第八巻、天佑社(一九〇二)。

――、一九二〇b「英国で見る日本」『抱月全集』第八巻、天佑社(一九〇二)。

釈宗演、一九〇七『欧米雲水記』金港堂(一九〇六)。

自由党史編纂局編、一九五八『自由党史』中巻、岩波文庫(原著、五車楼、一九一〇)(板垣退助・一八八二)。

（昭和天皇）、二〇一五『昭和天皇実録』第三、東京書籍（一九二二）。

白戸光久、一九二〇『艦上之一年』菊屋書店（一九一七）。

末延芳晴、二〇〇四『夏目金之助ロンドンに狂せり』青土社。

杉井六郎、一九七七『徳富蘇峰の研究』法政大学出版局（徳富蘇峰・一八九六）。

杉浦譲、一九七八「奉使日記」土屋喬雄編『杉浦譲全集』第一巻、杉浦譲全集刊行会（一八六四）。

杉山益一郎、一九二五『瑞西の秋――第三回国際労働総会参列余記』永昌社（一九二二）。

鈴木重道、一八八六「英国留学記事」『東京医事新誌』四四〇号（一八八六）。

高嶋泰二、一九九四『伯林日誌――第二次欧州大戦体験記録』求龍堂（一九三九）。

高杉晋作、一九一六「遊清五録」『東行先生遺文』民友社（上海渡航、一八六二）。

高田善治郎、一九八七『出洋日記』『明治欧米見聞録集成』第一八巻、ゆまに書房（原著、川勝鴻宝堂、一八九一）（一八八七）。

高橋皞、一九二〇『倫敦より東京へ』三友堂書店（一九一九）。

高山謹一、二〇一三『西航雑記』和田博文編『コレクション・モダン都市文化91 欧州航路』ゆまに書房（原著、博文館、一九二〇）（一九〇八年頃～第一次世界大戦後）。

田口俊平、一九八四「田口俊平翁記」日蘭学会編『続幕末和蘭留学関係史料集成』雄松堂書店（一八六二）。

竹越与三郎、一九〇二『萍聚絮散記』開拓社（一九〇〇）。

竹沢泰子編、二〇〇九『人種の表象と社会的リアリティ』岩波書店。

建部遯吾、一九八九『西遊漫筆』『明治欧米見聞録集成』第二五巻、ゆまに書房（原著、哲学書院、一九〇二）（一八九八）。

田中彰・高田誠二編、一九九三『「米欧回覧実記」の学際的研究』北海道大学図書刊行会。

谷干城、一九一二「洋行日記」島内登志衛編『谷干城遺稿』上、靖献社（一八八六）。

玉井禮一郎編、一九八五『石原莞爾選集2 ベルリンから妻へ（書簡と日記）』たまいらぼ（石原莞爾・一九二二）。

津田眞一郎、一九八二「はなの志をり」日蘭学会編『幕末和蘭留学関係史料集成』雄松堂書店〔一八六二〕。

都留重人、一九七六「引揚日記」『都留重人著作集』第一二巻、講談社〔帝国航路の一部・一九四二〕。

鶴見俊輔・加藤典洋・黒川創、二〇〇六『日米交換船』新潮社〔鶴見俊輔・帝国航路の一部・一九四二〕。

手代木有児、二〇一三『清末中国の西洋体験と文明観』汲古書院。

田健治郎、一八九八『鵬程日誌』私家版〔一八九六〕。

東海散士、二〇〇六『佳人之奇遇』『新日本古典文学大系明治編一七 政治小説集二』岩波書店〔原著、博文堂、巻一二、一八九七〕〔柴四朗・一八八六〕。

冬夏社編集部、一九二一『少年少女の為めの東宮御外遊記』冬夏社。

徳富健次郎、一九〇六『順礼紀行』警醒社〔一九〇六〕。

徳富健次郎・徳富愛、一九二一『日本から日本へ――東の巻』金尾文淵堂〔一九一九〕。

徳富蘇峰、一九七四『大日本膨脹論』『明治文学全集34 徳富蘇峰集』筑摩書房〔原著、民友社、一八九四〕。

鳥尾小弥太、一九八七『洋行日記』『明治欧米見聞録集成』第一五巻、ゆまに書房〔原著、吉川半七、一八八八〕〔一八八六〕。

中井桜洲、一九六八『西洋紀行航海新説』明治文化研究会編『明治文化全集7 外国文化篇』日本評論社〔原著、桜雲山房、一八七〇〕〔中井弘（桜洲）・一八六六〕。

永井荷風、二〇〇三『ふらんす物語』新潮文庫〔原著、博文館、一九〇九〕〔一九〇八〕。

中江兆民、一九六五『三酔人経綸問答』岩波文庫〔原著、集成社、一八八七〕。

――、一九七四「論外交」『近代日本思想大系3 中江兆民集』筑摩書房〔原載、『自由新聞』一八八二年八月一七日〕〔一八七四〕。

中野正剛、一九一七『世界政策と極東政策』至誠堂書店〔一九一五〕。

中野泰雄、一九八八『アジア主義者中野正剛』亜紀書房。

夏目漱石、一九九五「日記一」「断片4A」『漱石全集』第一九巻、岩波書店〔一九〇〇〕。

――、一九九六「書簡上」『漱石全集』第二二巻、岩波書店(一九〇〇)。

成島柳北、二〇〇九「航西日乗」『新日本古典文学大系明治編五　海外見聞集』岩波書店(一八七二)。

南洋及日本人社編、一九三八『南洋の五十年――シンガポールを中心に同胞活躍』章華社。

新島襄、一九八五「新島襄の生涯と手紙」新島襄全集編集委員会『新島襄全集』第一〇巻、同朋舍(一八八四)。

西原大輔、二〇一七『日本人のシンガポール体験――幕末明治から日本占領下・戦後まで』人文書院。

野上弥生子、一九四二『欧米の旅』上、岩波書店(一九三八)。

野津道貫、一九八七『欧米巡回日誌』『明治欧米見聞録集成』第四巻、ゆまに書房(原著、広島鎮台文庫、一八八六)(一八八四)。

野村才二、一八九一『アラビーパシャの談話』私家版(一八八七)。

芳賀檀編、一九三七『芳賀矢一文集』冨山房(芳賀矢一・一九〇〇)。

橋本文壽、一九二七『欧米行脚――赤い鳥』東京宝文館(一九二五)。

橋本順光・鈴木禎宏編、二〇一七『欧州航路の文化誌――寄港地を読み解く』青弓社。

長谷川如是閑、一九九六『倫敦! 倫敦?』岩波文庫(原著、政教社、一九一二)(一九一〇)。

長谷場純孝、一九九一『欧米歴遊日誌』『明治欧米見聞録集成』第二八巻、ゆまに書房(原著、民友社、一九〇七)(一九〇六)。

鳩山一郎、一九三八『外遊日記――世界の顔』中央公論社(一九三七)。

羽仁五郎、二〇〇一『私の大学』『人間の記録138』日本図書センター(原著、講談社、一九六六)(一九二四)。

林董編、一九八七『有栖川二品親王欧米巡遊日記』『明治欧米見聞録集成』第二巻、ゆまに書房(原著、回春堂、一八八三)(一八八二)。

林安繁、一九二三『欧山米水』私家版(一九二二)。

平間洋一、一九九八『第一次世界大戦と日本海軍――外交と軍事との連接』慶応義塾大学出版会。

斌椿、一八七二『乗槎筆記』袋屋亀次郎(一八六六)。

深尾須磨子、二〇〇〇『旅情記』『女性のみた近代23』ゆまに書房(原著、実業之日本社、一九四〇)(一九三九)。

福沢諭吉、一九六九『掌中万国一覧』『福沢諭吉全集』第二巻、岩波書店(原著、私家版、一八六九)。

——、一九七〇a「朝鮮の交際を論ず」『福沢諭吉全集』第八巻、岩波書店(原載、『時事新報』一八八二年三月一一日)。

——、一九七〇b「東洋の政略果して如何せん」『福沢諭吉全集』第八巻、岩波書店(原載、『時事新報』一八八二年一二月七―一二日)。

——、一九七一「西航記」『福沢諭吉全集』第一九巻、岩波書店(原著、一八六二)(一八六二)。

福島安正、一九三五「亜欧日記」伊藤博文編『秘書類纂――兵政関係資料』秘書類纂刊行会(一八九五)。

福田喜三郎、一九三八『和蘭に使して』私家版(一九三七)。

福地源一郎、一八九七『懐往事談』民友社(一八六二)。

淵辺徳蔵、一九八七「欧行日記」日本史籍協会編『遣外使節日記纂輯』第三、東京大学出版会(原著、一八六二)(一八六二)。

古川正雄、一九六八『古川正雄の洋行漫筆』明治文化研究会編『明治文化全集7 外国文化篇』日本評論社(原著、私家版、一八七四)(一八七三)。

ホイト、サリーナ・ヘイズ、一九九六『ペナン――都市の歴史』学芸出版社。

宝蔵寺久雄、一九三五『欧洲旅行記』干城堂(一九三三)。

本多市郎、一九三四『最近の世界を巡りて』平凡社(一九三二)。

前芝確三、一九四二『戦火を追うて――前芝確三・亜欧通信』教育図書(一九三九)。

前田正名、一九七九「前田正名自叙伝」『明治中期産業運動資料』第一九巻、第二集、日本経済評論社(原載、『社会及国家』二五二号、一九三七年)(一八六九)。

正木照蔵、一九〇一『漫遊雑録』私家版(一九〇〇)。

益頭駿次郎、一九八七「欧行記」日本史籍協会編『遣外使節日記纂輯』第三、東京大学出版会(一八六二)。

松沢弘陽、一九九三『近代日本の形成と西洋経験』岩波書店。

松田毅一、一九六二『じゃぱのろじい行脚』私家版〔一九五九〕。

松永昌三、一九七四「解説」『近代日本思想大系3　中江兆民集』筑摩書房。

――、二〇〇一『福沢諭吉と中江兆民』中公新書。

松村淳蔵、一九九九「洋行談」大久保利謙監修『新修森有礼全集』第四巻、文泉堂書店〔一八六五〕。

松村松盛、一九二六『世界の旅』帝国地方行政学会〔一九二五〕。

松本亀太郎、一九三六『欧米素描』朝日乾電池〔一九三六〕。

水野広徳、一九二二『波のうねり』金尾文淵堂〔一九一六〕。

溝口白羊、一九二一『東宮御渡欧記――乾の巻』日本評論社出版部〔昭和天皇・一九二一〕。

水戸部寅松、二〇一三『欧州航路の珍見聞』和田博文編『コレクション・モダン都市文化91　欧州航路』ゆまに書房〔原著、三元堂書店、一九三〇〕〔一九二七〕。

宮永孝、一九九〇『幕末オランダ留学生の研究』日本経済評論社。

ミヨシ・マサオ、一九八四『我ら見しままに――万延元年遣米使節の旅路』平凡社。

武者小路実篤、一九八九a『湖畔の画商』『武者小路実篤全集』第一二巻、小学館〔原著、甲鳥書林、一九四〇〕〔一九三六〕。

――、一九八九b『欧米旅行日記』『武者小路実篤全集』第一二巻、小学館〔原著、河出書房、一九四一〕〔一九三六〕。

――、一九九〇『大東亜戦争私感』『武者小路実篤全集』第一五巻、小学館〔原著、河出書房、一九四二〕。

森鷗外、一九七五「航西日記」『鷗外全集』第三五巻、岩波書店〔一八八四〕。

森崎和江、一九七六『からゆきさん』朝日新聞社。

森田福市、一九三一『海外旅行日誌』私家版〔一九三〇〕。

守屋栄夫、一九二五『欧米の旅より』蘆田書店〔一九二三〕。

師岡國編、一九八七『板垣君欧米漫遊日記』『明治欧米見聞録集成』第二巻、ゆまに書房(原著、松井忠兵衛、一八八三)(一八八二)。

安井誠一郎、一九八六『第一次大戦後のドイツ——安井誠一郎ドイツ留学日記より』私家版(一九二二)。

安川寿之輔、二〇〇〇『福沢諭吉のアジア認識——日本近代史像をとらえ返す』高文研。

矢内原忠雄、一九六五「日記」『矢内原忠雄全集』第二八巻、岩波書店(一九二〇)。

山口青邨、一九八二『伯林留学日記』上、求龍堂(一九三七)。

山下雄太郎、一九八七『海外見聞録』『明治欧米見聞録集成』第二巻、ゆまに書房(原著、私家版、一八八六)(一八八〇)。

山田毅一、一九二〇『戦後の欧米漫遊記』放天義塾(一九一九)。

湯沢徳治、一九三〇『余が観たる最近の欧米』民友社(一九二九)。

横井勝彦、二〇〇四『アジアの海の大英帝国——一九世紀海洋支配の構図』講談社学術文庫(原著、同文舘、一九八八)。

横光利一、二〇〇六『欧洲紀行』講談社文芸文庫(原著、創元社、一九三七)(一九三六)。

与謝野寛・与謝野晶子、二〇〇三『巴里より』『鉄幹晶子全集』第一〇巻、勉誠出版(原著、金尾文淵堂、一九一四)(与謝野晶子・一九一二)。

吉江喬松、一九四七『仏蘭西印象記』白水社(一九一六)。

吉田豊彦、一九九四「乃木大将渡欧日誌」『乃木希典全集』下、国書刊行会(一九一一)。

依光方成、一九八七『三圓五十銭世界周遊実記』『明治欧米見聞録集成』第一八巻、ゆまに書房(原著、博文館、一八九一)(帝国航路の一部・一八八五)。

脇村義太郎、一九七六「外国留学の話」『脇村義太郎著作集』第四巻、日本経営史研究所。

和田博文、二〇一六『海の上の世界地図——欧州航路紀行史』岩波書店。

和辻哲郎、一九二九「支那人の特性」『思想』八六号(一九二七)。

——、一九六二『風土』『和辻哲郎全集』第八巻、岩波書店（原著、岩波書店、一九三五）〔一九二七〕。

——、一九九二『故国の妻へ』『和辻哲郎全集』第二五巻、岩波書店（原著、角川書店、一九六五）〔一九二七〕。

ワレン、ジェームズ・フランシス、二〇一五『阿姑とからゆきさん——シンガポールの買売春社会一八七〇—一九四〇年』法政大学出版局。

Bayly, Christopher and Tim Harper, 2007, *Forgotten Wars: Freedom and Revolution in Southeast Asia*, Cambridge, Mass.: Harvard University Press.
Carroll, John M., 2007, *A Concise History of Hong Kong*, Lanham: Rowman & Littlefield.
Cobbing, Andrew, 1998, *The Japanese Discovery of Victorian Britain: Early Travel Encounters in the Far West*, London: Routledge.
Gavin, R. J., 1975, *Aden under British Rule 1839–1967*, London: C. Hurst.
Haddad, Emily A., 2005, "Digging to India: Modernity, Imperialism, and the Suez Canal", *Victorian Studies*, 47–3.
Macdonald, John, 1863, "From Yeddo to London with the Japanese Ambassadors", *Cornhill Magazine*, May.
Peebles, Patrick, 2006, *The History of Sri Lanka*, Westport: Greenwood Press.
Tsang, Steve, 2004, *A Modern History of Hong Kong*, Hong Kong: Hong Kong University Press.
Turnbull, C. M., 2009, *A History of Modern Singapore, 1819–2005*, Singapore: NUS Press.

あとがき

本書でとりあげたテーマには、ずいぶん長い間関心をもってきた。いつ興味を抱きはじめたか、今となってははっきりしないが、一九九六年には、イギリス帝国史の専門雑誌 *The Journal of Imperial and Commonwealth History* (Vol. 24, No. 3)に、幕末から明治初期の対外使節団に関するロンドン大学のビーズリー教授の著書、W. G. Beasley, *Japan Encounters the Barbarian: Japanese Travellers in America and Europe* (New Haven: Yale University Press, 1995)についての書評を寄せた際、結びのところで次のように記している。

本誌の読者は、ヨーロッパへの往路や復路でいくつかの枢要な植民地の港に立ち寄った日本人旅行者が西欧の植民地主義についてどのような見解を抱いたかに関心があるだろう。『日本帝国主義 一八九四—一九四五年』をも書いた著者が、この点にわずかしか触れていないことは残念である。しかし、すぐれた欧米人と対照的な「怠惰な」アジア人について旅行者たちの記録が各所で言及していることを示す著者の論点は、興味深い。西洋の知識を貪欲に吸収した日本のエリートが、同時に、将来の植民地支配者として西洋の態度を模倣しはじめたのであり、アジアの植民地支配国としての日本が台頭していく道が次第に開かれていったのである。

しかし、その後一貫して気にしながらも、他の課題にかまけるなかで、このテーマに手をつけることはできないでいた。その状況が変化したのが、二〇一四年である。一九八〇年代に「新しい世界史」シリーズを一緒に作った名編集者渡邊勳氏を軸とする「歴史家工房21C」が発足し、「世界史の中の日本、日本の中の世界史」という問題意識のもとにメンバーが単著を書くことになった際、それにふさわしい内容として、温めてきたこの主題に本格的に取り組む決意を固めたのである。

筆者はこれまで、イギリス帝国史・帝国主義史を軸としながら、近現代の国際関係についての研究を行ってきた。それに際して、日本とイギリスの比較や両国間の関係については常に注意を払ってきたつもりである。一九世紀末以降、日本がアジアにおいて帝国支配国となっていくに際してイギリス帝国がどのような意味をもっていたかという問題や、日本がイギリスに挑戦して戦争になっていった過程、さらに第二次世界大戦後の脱植民地化の動きに直面した時期の日英関係などについては、いろいろ文章を書いてきた。本書も基本的に筆者のそうした研究の流れに沿ったものであるが、対象への接近方法はこれまでの筆者の研究と全く異なる。また、イギリス帝国側の変化にも当然のことながら言及しているものの、もっぱら日本側の問題を論じており、そのことも筆者にとっては新たな試みである。それだけに、思わぬ錯誤などがありはしないかと懸念している。読者の方々からのご批正をお願いしたい。

本書の準備過程で苦労したのは、素材の収集である。さまざまな方法で、本書の議論に役立つ内容を含んでいる記録を探そうとしたが、それは思っていたよりはるかに困難であった。そうした時に刊行された本が、プロローグでも触れた和田博文氏の『海の上の世界地図——欧州航路紀行史』である。この本では、それまで私が気づいていなかった資料がいくつも取り上げられており、本書執筆の上でこの上ない助けとなった。特記して和田氏に感謝の意を示したい。また強調しておきたいのは、国立国会図書館のデジタルコレクションから大変恩恵を受けたことである。さらに、第Ⅱ章で扱った柴田剛中の「日載」の閲覧および君塚進氏によるその解読文の利用については、神戸市文書館の石橋正好氏のお世話になった。記して感謝したい。

すでに触れたように、本書の執筆は「歴史家工房21C」の存在なしでは考えられなかった。研究会での刺激にあふれた議論、さらに原稿を通読していただいてのコメントなどについて、工房のメンバーの方々にはいくらお礼を申し上げても足りない思いである。また岩波書店の吉田浩一、入江仰両氏に編集の労をとっていただいたことは、筆者にとって幸せなことであった。

なお本研究にあたっては、二〇一五年度および二〇一六年度の成城大学特別研究助成金を受けた。

二〇一八年一一月一〇日

木畑洋一

や 行

わ 行

人名索引

＊この索引には，本書で扱った旅行者の名前を五十音順で収録した．
中国人旅行者も日本語読みに即して配列した．

あ 行

か 行

さ 行

木畑洋一

1946年生まれ．1972年東京大学大学院社会学研究科博士課程中退．東京大学・成城大学名誉教授．イギリス帝国史・帝国主義史，国際関係史．『支配の代償——英帝国の崩壊と「帝国意識」』(東京大学出版会，1987年)，『帝国のたそがれ——冷戦下のイギリスとアジア』(東京大学出版会，1996年)，『イギリス帝国と帝国主義——比較と関係の視座』(有志舎，2008年)，『二〇世紀の歴史』(岩波新書，2014年)など．

シリーズ日本の中の世界史
帝国航路《エンパイアルート》を往く——イギリス植民地と近代日本

2018年12月18日　第1刷発行
2021年10月5日　第3刷発行

著　者　木畑洋一《きばたよういち》

発行者　坂本政謙

発行所　株式会社 岩波書店
〒101-8002 東京都千代田区一ツ橋2-5-5
電話案内 03-5210-4000
https://www.iwanami.co.jp/

印刷・三秀舎　製本・松岳社

ISBN 978-4-00-028385-4　　Printed in Japan